从自由、自主到自律

图解幼儿园运动中的观察与分析

潘丽华◎主编

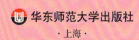

华东师范大学出版社

·上海·

02 单元

教师会分析 孩子能自主

目录

"

推荐序

虹口区体育幼儿园是上海市公办幼儿园中最早命名并定位于幼儿体育培养的幼儿园，在长期的办园实践中，它的园所发展和质量提升始终追求以幼儿健康为导向。该幼儿园的特级园长潘丽华和教师团队一直坚守"站在最有利于儿童生命成长的立场，让每个生命蓬勃生长"的教育信念，传承幼儿体育之"本"，创建幼儿健康之"特"，形成了以"强体育心"为核心理念的"融合育人"办园特色。这使得幼儿园成为了孩子们"今天来了明天还想来"的乐园，以优质教育赢得社会信誉和历届家长的好口碑。

令人欣喜的是，集聚近五年课改实践的成果《从自由、自主到自律——图解幼儿园运动中的观察与分析》刚完稿，我有幸成为第一个初读者。手抚厚厚的书稿，不由得赞叹潘园长和教师们对幼儿的执着研究与创新实践的艰辛付出。全书从内容到体例编排，体现"新""精""实"，读来引人入胜，颇有感触。

"新"——理念新。虹口区体育幼儿园结合办园实际，将幼儿健康观转化为"强体育心"的园本理念。全书每一则案例中的"教师观察手记"和"园长的话"都是对"强体育心"理念的内化与行为转换的新实践。使读者感到与本书编撰者一同身临幼儿活动现场，参与到园长和教师们一起教研讨论的新场景中。

"精"——精心编撰。本书中每一例精选的案例都具有典型的实践研究价值，聚焦重点讲清点明，篇幅短小紧凑，不烦冗。全书内容由 30 则案例组成，但丝毫没有"碎片感"。其精心编排主要在于将"观察""分析""支持"既作为每个单元的主题，又呈现出幼儿园课改研究的过程。同时，每一单元的导语与案例内容匹配契合，使本书呈现出精致、易于理解的特点，读者很容易对其触类旁通。

"实"——实操性突出。本书的案例描述了以"强体育心"为核心的幼儿园运动场景中的教师所见（观察）、所思（分析）、所试（改进），非常具有真实性。每则案例中有教师的教育观点，又有生动的实践样例描述以及简明扼要的操作指南，便于读者随阅随用。

潘园长希望我这个初读者为本书写序，因仅仅初读，对全书的领会还比较仓促肤浅，确切地说只能写下读后的感受，愿与幼教同行们共同分享先睹为快的喜悦。

感受有以下三点：

第一，倡导"强体育心"幼儿体育培养的理念和实践，值得推崇

虹口区体育幼儿园在深化课改的过程中，认真落实教育部《幼儿园教育指导纲要》《3-6岁儿童学习与发展指南》中"身心并重"的幼儿健康观，将幼儿健康发展作为幼儿园课程的第一目标。本书从幼儿的视角归纳并诠释出幼儿体育培养方式的三个阶段：幼儿参加运动时的兴趣选择——自由；幼儿在运动中的主动构建——自主；幼儿在运动过程中对情感和行为的自我调控——自律。这使得该园的园本运动课程从理念和实施行为上真正改变了对运动技能训练内容的过度关注，改变了教师对活动的过度控制，将活动的过程与幼儿发展需要和幼儿园实际情况结合，将活动主动权交还给幼儿，增进幼儿积极主动的学习态度，让幼儿园运动和体育培养服务于幼儿身心和谐发展。

第二，图解全书内容，为读者展开阅读的思维导图，值得借鉴

本书的内容以结构化的方式呈现，形成了单元（主题）-导语（导读）-案例（样例）的逻辑关联，形成主题清晰的阅读思维导图。首先，每个单元以鲜明的提示符号、生动的活动照片、精巧的文字排列给读者以良好的视觉体验，满足"悦"读的需要。其次，围绕主题精选案例，提炼出观点和活动实操的关键内容，勾勒出问题为导向的阅读线索，以全彩图解的方式连接阅读与思悟，有助于读者加深对案例内容的理解。再次，本书每一单元中的照片组合，将文字表述的教师观察分析和支持的重要场景视觉化，重现了教师为支持幼儿活动而精心设计的运动游戏和个性化的

运动材料，这是创新亮点，值得读者借鉴。

第三，展现了教师实践研究的价值和过程、园所对教师专业发展的支持，值得深思

书中阐明了虹口区体育幼儿园开展幼儿体育培养的实践研究观点：全面、连贯的观察和合理分析，使针对每一名幼儿的活动支持有了科学依据；支持幼儿的过程是对教师自己再设计的效果验证和进入幼儿新的活动的再观察、再分析的循环回复的研究过程。从本书的案例描述中能读通这一过程中教师的行动逻辑，感受到不同专业背景的教师是如何在自己原有经验基础上发现、了解，并不断吸收同化各种信息，整合构建成自己的实践主张，从而改进活动实效性的研究行为。这正是现代幼儿教师应具备的专业素养自我提升的自觉行为。"园长的话"栏目则展现了园所制度和团队氛围层面对教师开展观察、分析与回应的支持、保障与引领，这是这个团队在教师专业发展领域能够持续提升的土壤，为其他幼儿园的有效管理带来启迪。

祝贺本书即将出版，给更多的读者以启迪和借鉴。学前教育高质量发展是一个动态的过程，期待虹口区体育幼儿园坚持"强体育心"的价值引领，拓展对"深度理解儿童，把握关键内容，创新适宜方法"的路径和技术的科学研究，为上海学前教育"幼有善育"提供新的成果和经验。

郭宗莉

上海市教育功臣，特级园长、特级教师

原黄浦区思南路幼儿园园长

现任上海市学前教育研究所所长

"

前 言

从自由、自主到自律，展现蓬勃的生命力
——在幼儿园运动中实现师幼共同成长

作为园长，多年来我有一个切身感受，办园思想从来都不是一蹴而就、拍脑袋而来的，它的凝练和内化，既来源于自身的学习与思考，更来源于教师的行动与实践！只有使思想或理念真正落实并转化为促进幼儿身心和谐发展的优质保教实践，那才是有实际意义与作用的。

站在最有利于儿童生命成长的立场上，我们希望体幼的课程能承载和呼应每一个幼儿成长的张力与诉求，从而激发幼儿在主动学习中体验自我价值，让每个幼儿的生命得以蓬勃地生长。因此，依据《3-6 岁儿童学习与发展指南》和《上海市学前教育课程指南》，结合多年的课程实践经验，我们逐步落实"强体育心"的办学理念——

- 强体，是指通过课程帮助幼儿锻炼出良好的体格、感官机能和身体活动能力，建立保护自己的意识和能力；
- 育心，是指帮助幼儿识别和控制情绪、有效解决各种心理问题和积极地与他人建立关系。

一、从专项技能训练到"强体育心"——以课题为驱动的课程建构之路

回顾我们园所的开办和发展，有一条较为成功的办园经验，那就是坚持以课题研究来带动园本课程建设并促进师幼的共同成长，为"让每一个生命蓬勃生长"的办园思想内涵打下扎实的基础。

上海市虹口区体育幼儿园是在 1993 年，由上海市虹口区教育局、体委与上海市儿童世界基金会联合创办的寄宿制幼儿园。作为培养三线运动员的育苗基地，承担着为少体校输送运动员的任务。

跨系统联手创办，且以"体育"命名幼儿园，这在当时的上海尚属首创。幼儿园与少体校共同合作培养"体育幼苗"的课程模式在国际、国内也缺少相关研究，可供参考的资料非常少。这就迫使我们在姚洁吉、杭燕两任园长的睿智引导下，运用科学的方法，基于幼儿及幼儿园的特点展开研究。我们以课题"体育幼儿园现代体育课程模式的探索"为抓手，积极探索符合我们园所教育特色的课程模式。

一路走来，我们确实在幼儿的专项体育技能培养方面取得了不少骄人的成绩。2003 年起，我们从原有的 4 个班级增加到 11 个班级，有了新的场地、新的生源，跨系统联合的体校力量却在逐渐弱化，同时也取消了寄宿制度和专项训练制度，这些新变化使我们在实践中产生了很多新困惑，例如，以往注重基本动作、专项技能训练的教育方式是否忽视了对幼儿心理素质的培养？

在"体育幼儿园现代体育课程模式的探索"课题研究进程中，我们发现我园的幼儿聪明活泼、动手能力强、有良好的生活习惯，但同时表达表现能力的发展相对欠缺，学习习惯还有较大的提升空间。"强体"的效果显而易见，但距离理想中的"健心"还有差距。"何以育人？"这个问题促使我们对园所课程再一次进行深入的思考。

这一次，我们对园所当时所实施的体育课程的优势与不足进行了深入调查，邀请了不同领域的专家参与，基于本园幼儿的特点，探讨更适宜他们的园本课程。经过调查与讨论，我们认识到对于幼儿的终身发展来说，身心和谐尤为重要，我们需要真正理解和实践"让每一个生命蓬勃生长"这个办园理念，而非仅仅落在口号上，

我们的课程也应该具有更高瞻的理念、更适切的目标以及更科学的设置。

从 2006 年起，我们开始了新一轮课题探索——《"强体育心"幼儿运动课程实践研究》，重新思考我们园所的课程内涵与特色。我们以"强体育心"为课程理念，涵盖幼儿身体与心理的全面培养，先后开展了 6 个市、区级的规划或重点课题的实践研究，研究的内容紧紧围绕课程的建构，以教师在实践中的观察、分析、支持来推进课题研究，再以研究成果润泽和具化课程理念。

二、广泛学习，理性选择——国际视野下的课程内涵思考

运动对幼儿的意义是什么？如何设置和开展幼儿运动课程？如何保障运动特色课程与共同性课程的有机整合？我们始终带着这些问题在实践中思考。

一方面，体育教育是全人类共同的议题。借鉴发达国家的理念，对比国内外的实践做法，常常能给予我们新的启发。在 2010 年全美幼教年会的一场幼儿体育教学工作坊上，一位加州教授对所有在座的幼儿体育教育同行说："You may be the last physical education teacher children will ever have."（你们可能是孩子一生中最后一位体育老师。）原来，其他国家的体育教育也面临着逐渐被忽视的境地。

这份源于体育教育的责任感与使命感，让我们感同身受。我们园所既然以"体育"为名，那么在遵循不断发展的幼儿教育理念、重视幼儿全面发展以及良好心理品质养成的基础上，也始终要坚持做属于自己的课程。

另一方面，由于国情、园情和面对的幼儿的差异性，我们以"广泛学习，理性选择"为原则，力图探索出更适合我们园所的本土化幼儿体育素养培养方式。也就是说，我们对运动课程的开发、配套器械的研究，归根结底要匹配我们园所幼儿的发展特点和需要。

即便如此，不断激发幼儿的运动兴趣，通过大量室内外活动来培养幼儿的坚强意志，让幼儿在自然野趣的环境挑战中增强身体机能，同时具备一定的自我保护意识，这些来自其他国家幼儿体育教育的关注点，也融入了我们的课程内涵中。以国际视野来看待幼儿体育教育，让我们在制定课程目标、构建课程内容、组织课程形式等多方面的探索之路上走得更加从容。

我们对"强体"与"育心"关系的思考也在不断变化与深入,从最初的两者并重,到"强体"是"育心"的载体,再到"强体"与"育心"互促共进。在这个过程中,我们组织教师广泛学习相关理论,在科学的运动理论指引下梳理幼儿培养目标,设计相应的课程方案。

三、给幼儿自由,给教师支持——在课程实践中实现师幼共成长

课程的结果体现在幼儿身上,课程的落实必须依靠教师。教师是课程实施的主体,教师的能力不仅体现在能梳理清楚幼儿的发展目标、设计相应的课程方案,更在于能有效实现对幼儿行为与心理的观察、分析与支持。这就挑战着教师的专业成长,敦促着教师经常要思考"我的孩子在哪里?""我要带孩子到哪里去?""我将如何带他们去那里?""我又如何证明孩子去了那里?"等幼儿与课程的关系……因此,我们园所以有目的的观察为起点,坚持对幼儿进行系统的、长期的观察。所谓观察倾听,就是教师充满好奇地探秘幼儿世界,带着专业的眼光,从幼儿在运动中的典型表现(情绪状态、语言、动作、社会性等)中实施更加准确、全面的分析,这是落实针对性教育支持的基础,也是教师"面向每一个"的开始。我园教师以周密的计划安排去提高观察的质量,带着明确的目的去记录幼儿典型、有价值的行为表现。力图使教师在实践中清楚:自己需要观察的是什么内容?想要解决的是什么问题?把观察内容与观察目的有效地联系起来,避免作"无用功"。

在长期化、常态化的观察中,教师逐渐"会分析""善分析"。分析即解读,其价值在于从幼儿差异化的行为,梳理出因果与假设,梳理出需求与潜能,而这些就是设计更适宜幼儿的课程方案的源头。

教师支持幼儿,园所则支持教师。我们鼓励和肯定教师放手给予幼儿更多自由,我们希望教师能尊重并相信幼儿的能力。当然,强调幼儿的自我探索、体验,也不完全等同于"放羊",教师在幼儿身后作为一种"隐形力量"而存在,为幼儿提供着心理上、能力上的支持与引导,教师不是机械地"教",而是适时地"推",是基于观察后的"推",有针对性地"推"。为了让每一位教师都具备这样的专业能力,我们也通过一系列园本化的"评价指标""操作指南"为教师(尤其是

新手教师）提供"鹰架"，借助常规化的大小教研制度，将个体的困惑转化为共同讨论的议题，集思广益寻求解决方案。

为把我园幼儿培养成"强体魄有自信""愿探索有智慧""善表现有创造"，具有健全人格和自我成长力且充满阳光活力的儿童，我们秉持"没有最好，只有更好"的信念，继续不断地开拓创新、勇攀高峰，为幼儿教育事业奉献我们应有的力量！

潘丽华

上海市虹口区体育幼儿园

教师会观察，孩子能自由

01

单元

导　语

　　如今，大多数教育者都认同着这一观点——尊重并相信幼儿是一个主动的学习者。但要将这个观念自然地吸收内化为日常视角，仍有不小难度。在这个前提下，我们提倡教师要多观察，在幼儿的行为表现中发现他们的学习与发展，为"幼儿是主动的学习者"提供依据与信心。教师逐步有了观察的意识，知道要去"看"，但实际做起来，却往往会……

- 忙着看，却看得盲目，不知道应该看什么
- 满足于看到孩子的行为表象，比如是否开心、是否安全……

　　"会观察"是教师的基本功，但教师并非天生就有一双"慧眼"，这项基本功需要在实践中不断地积累经验与方法。当教师愿意去"看"、多"看"、会"看"，也就会对孩子更有信心，更愿意放手提供给孩子自由的空间与机会。

案例索引

观察原则

运动中的观察

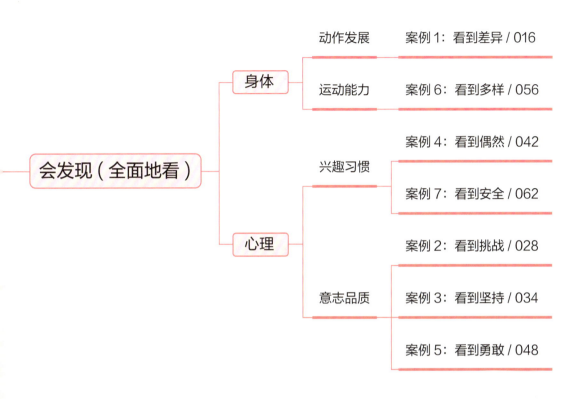

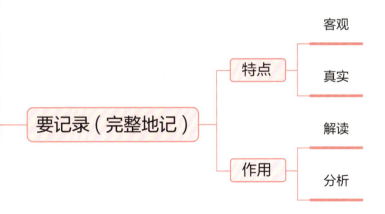

要记录（完整地记）

特点
- 客观
- 真实

作用
- 解读
- 分析

案例

看到差异 —— 小球转起来

采样来源 /

小班

供稿者 /

高原

背景介绍

通过运动前的简短交流，孩子们对"把球转起来"这件事产生了兴趣。老师借机鼓励孩子们大胆尝试，用自己的方法把小球转起来。

观察日期

10 月

观察场地

空旷的运动场地（室内、室外皆可）

活动类型

体育游戏

观察目的

在孩子自发的转球游戏中，他们的游戏状态和行为是否有明显的差异？表现在哪里？

直径约 30 厘米的软质弹性球，孩子们人手一个

活动中须注意孩子之间的位置间距，避免孩子在运动中发生碰撞

案例过程

2. 少数孩子用单手把球
按在地面上旋转

1. 大部分孩子用
双手转球

3. 抱着球看别人，
不参与转球活动

提问与讨论

"小球能怎么玩？"运动前我问孩子们。

"能踢""能扔""能滚""能夹球跳"孩子们大声地回答道。

"除了这些玩法，还有新的玩法吗？再想一想。"我试探性地继续问。

大约3秒沉默后，艾瑞克大叫："还能转，小球还能在地上转起来的。"说完，他直接将小球放在地上用手转了起来。

4. 自顾自玩地滚球，不
　　参与转球活动

观察与统计

"哇！真的转起来了！""小球转得好快呀！"一旁围观的孩子们纷纷发出感叹且跃跃欲试。

那我们今天就来玩玩"转小球"的游戏吧！我顺势提出建议。"好啊！好啊！"孩子们一边回应，一边蹲下身，将小球放在地上用手转起来。

一眼望去，绝大多数孩子都用双手前后同时拨动小球，使小球在地面上旋转。我走到孩子们中间，慢慢观察和统计用双手转球的孩子有多少——25 位，我将这个数字记在了本子上。

25 位双手转球的孩子中，有 8 人能将小球控制在一个较小的范围内进行旋转。例如星一，转球前，星一会双手抱着小球，将球稳稳地放在地面上约 1-2 秒，然后再轻轻地双手同时用力转动小球。小球转起来后，她会用手臂将旋转着的小球尽量围拢在自己身前；当看到小球要转出自己身前的范围或转速变得很慢时，她会双手抱起小球，先停止小球的旋转，然后重新用双手让小球在地面上转起来。

25位双手转球的孩子中，有12人会用双手猛力转球，导致小球飞速地向其他地方滚去。看着小球飞速地旋转起来，他们十分高兴，跟着小球的移动路径跑，追到小球后再马上开始第二次转球。例如艾瑞克，他先将小球放在地上，用双手抱着小球猛力一转，小球飞速地朝着左边旋转着移动过去。

"老师，你看我的小球转得快吗？"艾瑞克一边追着小球跑一边大声地问我。

"哇，太厉害了！转得那么快啊！"我感叹地说道。

"是啊是啊，我很用力的！"艾瑞克得意地回答。

另一边的小金也站起来大声地叫我："老师，你快看看我的小球，也转得很快啊！"说罢，小金弯下腰双手抱着小球，让球稍稍离开地面一点距离，然后双手用力一转，小球在空中猛地旋转起来，落地后轻轻弹跳了一下，接着飞速地向前方弹转出去。小金也紧追着小球跑了出去。

"是啊，你的小球也转得很快！不过它很调皮呢，一下子跑那么远！"我半开玩笑地和小金说，"能不能让小球乖一点，别跑那么远？"肯定小金的同时我也尝试向他提出了小小的建议。

"好的，我下一次让小球乖一点！"小金笑着答应，然后又抱起小球找了块空地继续转球。

"我也要让小球乖一点，不乱跑！"同样听到我建议的艾瑞克也急忙将小球放回地上再次开始转球。

相比绝大多数积极参与的孩子，小阳阳则呈现出了另一种状态。一开始，他弯着腰用两手抱球后猛转小球，小球在空中旋转起来，落地后飞速地弹转出去。小阳阳大叫一声，开心地追着小球跑。可还没追到球，他的脚边突然飞来另一只小球，立刻吸引了小阳阳的注意，他一扭头，追着别人的小球抬脚就要去踢。"这是我的球。"正追着自己小球跑的大哥一边大叫一边追在小阳阳身后，要拿回自己的球。类似小阳阳这样转球玩了一半，玩起追球的孩子共有6人。

有5位孩子能从一开始就使用单手来转球。例如子琪，她先将一只手放在小球的顶部，把球稳定在地上，然后通过旋转五指和手腕，用单手将小球转起来。多数情况下，小球会斜着朝一个方向侧转出去。

还有5位孩子沉浸在自己的玩球游戏中。例如，榕榕会抱着球跑开；跳跳直接开始玩踢球游戏；小毕更热衷于抛接球；毛毛和米米2位则直接蹲在地上抱着球不动，安静看着其他玩得热火朝天的同伴们。

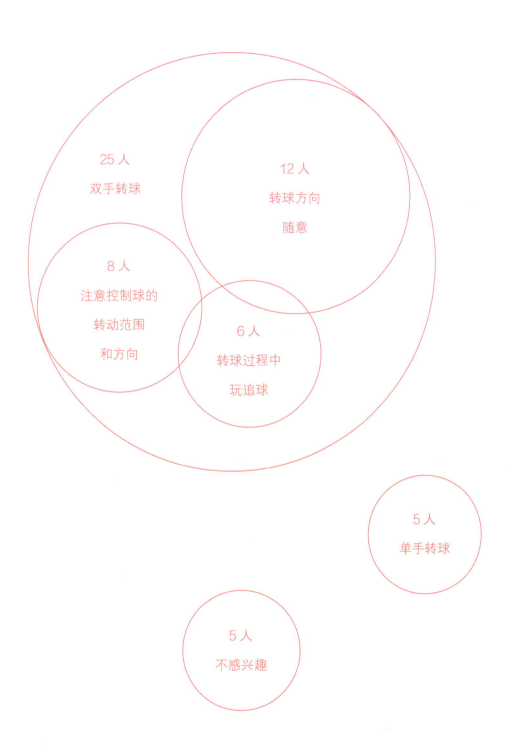

教师观察手记

原来孩子们是这么转球的

弹性球是孩子们新接触的一个运动器械，在向孩子们提出"转球"的提议后，我观察到孩子们呈现出了很多不同的状态——转球的方式不一样、参与的兴趣程度也有差异。

进一步统计归类后，发现我班孩子大致展现出了 3 种不同的玩球水平和能力：使用双手转球的人数是最多的；能够一下子就使用单手转球的孩子相对较少；对转球没有兴趣的有 5 人，有的去玩了其他与球相关的游戏，有的则是抱球观望不参与。

到底是什么导致孩子们呈现出不同的运动状态？是兴趣、能力、技能阻碍了孩子？还是心理、个性使然？或是孩子的某项运动品质有待提高？

活动设计与实施之前，观察先行，这是我的教研组长对我提出的要求，也是我在教育实践中学到的第一课。

园长的话

为教师提供"抓手"，明确观察目的

"自由"意为没有限制、没有约束，但给孩子自由，并不等于教师可以随意"放羊"。

对于每位来到我们园所的新老师，我们会要求他们先学习我园以《3-6岁儿童学习与发展指南》为依据，经过多年实践后梳理总结出的《重点运动器械评价指标》（参见第24页）和《户外运动操作规程》（参见第26页），同时要求新教师用1-2个学期，选择重点对象和重点内容进行有目的的观察。

例如，在本案例中，让教师根据《重点运动器械评价指标》中"小班幼儿在地面单手转球活动中能连续转球2-3次"这一指标，观察孩子转球的方法、数量、水平和遇到的困难等，并进行尽量完整的记录。然后，借助园所以往的经验积累，为新教师提供支持，让新教师先学着全面地看，再聚焦具体的观察内容和目的，继而学着从记录中进行解读、分析和思考。

我们提倡教师要有明确的观察目的，尽量以量化、客观的方式进行完整的原始记录，再通过教研对数据进行统计与分析，作为解读孩子们的行为、设计后续活动的依据。

附：

重点运动器械

序号	重点运动种类 / 器械
1	车类（包含踩高乐、自行车、滑板、三人协力车 4 种器械）
2	球类（包含流星球、弹性球、足球 3 种器械）
3	绳类（包含粗细麻绳、弹性绳、长绳、短绳 4 种器械）
4	圈类
5	竹竿
6	轮胎
7	彩虹伞
8	大型运动器械
合计	8 大类 16 种器械

评价指标

上海市虹口区体育幼儿园编制

评价指标		
小班	中班	大班
略	略	略
略	略	略
略	略	略
略	略	略
略	略	略
略	略	略
略	略	略
略	略	略

户外运动操作

环节名称	操作内容	人员
		教师
准备工作	物质准备	1. 根据当日运动场地的安排、活动内容的需要，为幼儿准备数量、大小合适的体育器械，并告知保育员，将其摆放到位。 2. 确保每个运动场地都有相应的运动器械，不可任意调换。 3. 户外运动前，在教室里让幼儿做好增减衣物（换背心）、整理装束（塞内衣）等准备活动。
准备工作	安全准备	1. 教师是运动器械安全的责任人，活动过程中若发现器械有损坏现象，要立即上报保管员。 2. 教师自身安全运动的着装检查：穿适合运动的休闲服装（不穿中高跟皮鞋、雪地靴、洞洞鞋；不穿长款外套）。
准备工作	身体准备	1. 户外运动前，在教室里让幼儿做好如厕、饮水（少量、小半杯）等准备活动，关注体弱儿的特别需求。 2. 冬天降温时，组织幼儿在室内做好热身运动后再出教室。
组织活动	安全	1. 主班教师科学分配运动场上保教人员三位一体的站位。 2. 加强观察幼儿的活动情况，提醒幼儿在运动中远离台阶、升国旗的领操台处等不适合开展运动的场地。 3. 在观察幼儿运动时，要有预见性，选择能纵观全局的位置，活动过程中勤于走动和补位。
组织活动	观察支持	1. 持续观察幼儿的行为表现（如情绪、兴趣、习惯、规则意识、意志品质、动作发展、运动能力等）。 2. 根据幼儿的行为表现进行针对性指导，及时调整支持策略，关注幼儿的个性发展。例如：随机调整运动环境、正确示范、给予鼓励及陪伴等。 3. 观察幼儿的生理特征（如面色、呼吸、出汗量等），及时调控幼儿的运动量及运动强度。
组织活动	保育	1. 做完律动后，引导不能激烈运动的幼儿冬天在有阳光的地方休息，夏天在树荫下休息（注意不能让幼儿在寒风中休息）。 2. 根据幼儿出汗量，提醒幼儿脱衣物，并做适当休息。
整理工作	器械整理	教师组织幼儿整理器械，物归原处。
整理工作	生活活动	1. 教师带领幼儿做适当放松运动。 2. 回到教室后，组织幼儿依次进行盥洗、擦汗，休息片刻后少量饮水。

规程（节选）

上海市虹口区体育幼儿园编制

人 员	
保育员	**幼儿**
1. 根据场地和教师所提供的器械内容要求，搬运所有与之相对应的运动器械。 2. 将擦汗毛巾、纸巾、毛巾推车和废纸箱放到指定位置。 3. 按要求定期清洁运动器械及幼儿休息用的长凳。 4. 协助教师督促和帮助幼儿做好运动衣物的增减和整理工作。建议小班检查全体幼儿，中大班检查生活能力弱的幼儿。冬季提醒幼儿换背心。	外出运动前根据季节和气候情况以及教师的建议，适当调整衣物的量。
1. 保育员是运动器械安全的责任人，在搬运器械时若发现有损坏现象，立即将该器械放置到幼儿触碰不到的地方，并上报保管员。 2. 自身安全运动的着装准备。（同教师）	穿适合运动的服装：运动鞋、宽松裤。（不穿洞洞鞋、皮鞋、雪地靴、不合脚的鞋；不穿紧身裤）。
协助教师做好全体幼儿和体弱儿的饮水、如厕等准备工作。	外出运动前喝少量的水（小半杯），按需做好如厕工作。
1. 根据主班教师的安排进行站位，注意幼儿运动中的安全，发现危险情况立即制止。 2. 除了关注自己主要负责的站点，尽量眼观大局，视野能扩展到整个场地。	1. 使用器械时要注意安全，不做危险动作。 2. 分散活动中，不随意奔跑、打闹，注意运动中的安全。
1. 协助教师关注全班幼儿的运动状态，提醒运动已达到一定强度的幼儿减少运动量、进行擦汗或短时间休息；提醒还未达到运动量的幼儿增加运动强度。 2. 协助教师对体弱儿采取针对性的运动保育措施。	充分活动自己的身体，情绪愉悦地参与运动。
1. 做好对特殊儿童（肥胖、营养不良、身体不适、动作迟缓）的护理工作。（身体不适的幼儿减少运动量，其他幼儿增加运动量） 2. 根据幼儿出汗量提醒幼儿擦汗、脱衣物并将其整齐摆放、做适当休息。	小班幼儿在教师、保育员的提醒下及时增减衣物（将脱下的衣物折叠整齐，摆放在固定的位置）、擦汗或做适当休息。中、大班幼儿则应主动进行。
器械整理，将其送进体锻室，有序摆放。	将运动器械物归原处，并摆放整齐。
进教室后，协助教师做好幼儿的盥洗、擦汗、饮水以及束衣等工作。	回到教室，依序开展生活活动。（盥洗、擦汗、喝水）

案例

看到挑战——聪聪终于跳下来了

采样来源 /

中班

供稿者 /

袁斐

背景介绍

—

山坡一隅，有个 5 层高的木制阶梯架。孩子们很喜欢在上面攀登翻越，老师在阶梯架的四周铺上了一圈海绵垫作为保护。区域运动时，敢于挑战的孩子会从 2 层高的阶梯往下跳到海绵垫上，聪聪性格胆小，经常在一旁围观，从未尝试。

观察日期

10 月

观察场地

山坡上的阶梯架

活动类型

区域运动

观察目的

聪聪敢不敢从高处往下跳？是否有保护自己的意识和方法？

将海绵垫首尾相接，铺在阶梯架的周围，以此为往下跳的孩子提供缓冲，减少对孩子关节的冲击

案例过程

2. 聪聪伸出右腿，试着
一个步子走下阶梯

1. 抬起右腿，双脚略微分开，压低
屁股，弯曲膝盖，聪聪重复着动作，
却始终没有往下跳

走上去
走下来

几个男生不停地爬上阶梯架，从上面往下跳。聪聪来了，她双脚交替，灵活地

翻过了阶梯架的最高层，往下走到倒数第 2 层的时候，止步了。她两眼一直盯着阶梯架下铺着的厚垫，先抬起右腿，再双脚略微分开，然后压低屁股，弯曲膝盖，做足了往下跳的准备动作，但始终没能从阶梯架上跳下来。

我向聪聪走去，想帮她一把，可还没走近，她已经迈开了腿从阶梯上走了下来。

走下阶梯架后，聪聪走到一旁选了一辆小推车，在山坡上推来推去自己玩着。虽然玩着推车，可她却时不时地停下动作，视线

3. 聪聪终于跳下来了

终于
跳下来

注视着从阶梯架上往下跳的男生们，学着他们的样子半蹲、摆臂、原地起跳、落地屈膝……

5 分钟后，聪聪又来到阶梯架旁，大步走上了 2 层高的阶梯。她开始半蹲、甩臂、停顿……又半蹲、甩臂、停顿……把准备动作重复了好几次，身体逐渐往前移，但还是没有跳下来。

我上前询问："聪聪，需要我的帮助吗？"聪聪摇摇头，不声不响地自己走下了阶梯。

又玩了会儿小推车后，聪聪再一次来到阶梯架旁。和之前一样，她站在 2 层阶梯上，反复做着起跳的准备动作，一次又一次……还时不时注视着旁边的男生们一个个勇敢地跳了下来。

终于，聪聪深吸一口气，闭上眼睛，半蹲、甩臂、起跳……"咚"的一声，稳稳地落在了厚垫上。她咧开嘴大笑，甩甩头发，转身再次爬上 2 层阶梯。这次，她毫不犹豫，起跳，落地，屈膝，动作干脆利落。

我忍不住走上前，紧紧拥抱她，由衷地称赞："聪聪，你终于跳下来了！真勇敢！"

教师观察手记

相信孩子，给他们多一点等待

作为老师，我很幸运地看到了一个孩子从"不敢"到"敢"、从"不行"到"成功"的一个完整的自我挑战过程。

其实聪聪的身体素质并不差，能够比较熟练地完成各种运动动作。但是，她个性胆小，在运动中常常表现出胆怯的情绪，害怕受伤，害怕失败。

在这个案例中，聪聪历经了3次自我挑战。第一次，她想尝试，但是不敢；第二次，她能正确地模仿成功孩子的起跳动作，但最后还是因为害怕而放弃了；第三次，她不仅运用了模仿习得的动作要领，还会用"深吸一口气""闭上眼睛"的方法来缓解自己紧张害怕的情绪，最终鼓起勇气从高处跳下。聪聪笑了，咧开嘴大笑！巨大的成功感帮助聪聪收获了战胜自己的喜悦。

在聪聪第一次挑战时，我走向聪聪，想要给予她支持，帮助她往下跳，可她选择了放弃，我尊重她的选择，继续在旁观察。第二次，我看到了她的"不敢"，于是上前试探性地询问："需要帮助吗？"聪聪用行动拒绝了，我又退回一旁继续观察。第三次，在聪聪自己建立起充足的信念后，我惊喜地发现她在没有老师支持和帮助的情况下，突破了自己害怕、畏难的心理。

在聪聪身上，我看到了勇于面对挑战、反复挑战、不轻言放弃的良好意志品质。我想，老师应该更多相信孩子，给他们多一点等待，多一点耐心，或许我们就会发现孩子身上意想不到的潜力和难能可贵的精神！

"

园长的话

明确观测原则，让教师"多看少动"

在这篇案例中，面对孩子"不敢跳"的现象，教师选择相信孩子的自我调整能力，以观察为主，不急于介入。在目睹她的多次失败后，依然管住自己的手脚，尊重孩子的选择和决定，不急于指导，以一种"隐形的力量"持续关注。

孩子从弱到强的能力发展与心理强化需要一个过程，作为教师，不能不闻不问，也切忌急于求成，"多看少动"是我们园所对教师，尤其是新教师的观察指导原则之一，观察后的教研重点也放在关注"孩子做了什么，发生了什么变化"，而非"教师做了什么，应该做什么"。

"

3

案例

看到坚持——意想不到的挑战难度

采样来源 /

大班

供稿者 /

杨晓蕾

背景介绍

——

当孩子们已经熟练驾驭"踩高乐"后，老师在场地上悄悄增加了其他辅助器械，供孩子们自由选择使用。

观察日期

5 月

观察场地

空旷的运动场地

活动类型

区域运动

观察目的

在熟练掌握"踩高乐"基本玩法的前提下，孩子们会对新挑战进行坚持不懈的尝试吗?

 数量充足的"踩高乐"器械，尽量满足孩子每人一个

其他辅助物，如球、圈、飞盘等

建议在平整、柔软的塑胶场地开展活动，避免孩子因重心不稳导致摔倒受伤

案例过程

1. 两个孩子试着一边踩着"踩高乐",一边玩抛接,引发了其他孩子围观

踩高乐 + 抛接球

"尘尘,我们今天一边踩'踩高乐'一边玩抛接球吧!"桐桐提议。"好呀,今天就让我们来挑战一下这个高难度的动作吧!"尘尘表示赞同。说完他们拿好器械,准备开始尝试。

"咦?不对呀,'踩高乐'只能朝前或朝后踩,如果我们像平时玩传球游戏那样站,'踩高乐'是不能横着走的。我们应该怎么站呀?"尘尘站在"踩高乐"上不解地问。

3. 孩子脚踩"踩高乐"，一手转圈，一手拍球移动前行

的距离太近了，抛过去的球经常砸到对方脸上，接球的一方就会害怕闪躲，导致球没接住直接掉到地上；或者抛接球时顾到了手上的球，顾不到脚下的"踩高乐"，导致不能及时移动到合适位置。但是，即使出现种种困难，他们两人却始终乐在其中，一次又一次地尝试着。

慢慢地，两人的默契度越来越高，传接球的正确率明显提高，球掉落的次数也明显减少，只偶尔在接球的时候会停下踩动器械的脚。

多次尝试之后，两人的动作逐渐变得连贯起来，边踩"踩高乐"边传球的动作一气呵成，挑战新技能大获成功！

刚想踏上"踩高乐"的桐桐听到后，立刻停了下来，想了一想说："我们把'踩高乐'换个方向就可以了！我们一个朝前踩，一个往后退，然后再传球，这样就行了。"

"对的，对的！快调整'踩高乐'的方向！"尘尘激动地喊。他们搬动两个"踩高乐"，在地面上以一前一后的位置摆放好。

初次尝试，他们两人在配合上总会出现这样或那样的不默契——由于两个人之间

038 | 从自由、自主到自律——图解幼儿园运动中的观察与分析

[踩高乐 + 拍球转圈]

"晓蕾老师，之前的运动会上我表演的是边踩 '踩高乐' 边拍球，我今天想试一试用一个手转圈、另一个手拍球，然后同时踩 '踩高乐'，你觉得我会成功吗？"钧钧走到我身边，轻声询问我的意见。

亲子运动会上，钧钧展示的是边踩"踩高乐"边拍球的运动技能，他的出色表现得到了妈妈的充分肯定，他对这种技能叠加的玩法也产生了浓厚的兴趣。

"哇，这个可是高难度的动作哦！不过只要有信心，一切皆有可能！试试吧！"我给他打气。

"那我去拿球和圈喽？"钧钧再次向我询问。"没问题！去吧！加油！"对于他要挑战新技能的这个想法，我表现出极大的肯定与鼓励。

等钧钧拿好器械开始尝试，我便在一旁静静地观察着他的一举一动。他先把脚下的"踩高乐"踩得又快又稳，但两个手的配合总会出些问题——不是球滚掉了，就是圈转飞了。只能一次又一次走下"踩高乐"去捡球或圈，然后再重新开始。"均均，加油哦！万事开头难，坚持很重要！"我在一旁加油鼓劲。

没过多久，一个身影从我背后快速闪过，我转身一看，是钧钧！他用极快的速度踩着"踩高乐"，然后右手转圈左手拍球，顺利地从场地的一头移动到了另一头。

他看见我用十分惊讶的表情望着他，便得意地对我说："晓蕾老师，我找到窍门了，一定要快！这样球和圈就不会掉了。"

"厉害！厉害！你太厉害了！"我不由得为他鼓掌，对他经过多次尝试后总结出的经验给予充分肯定。

教师观察手记

鼓励孩子，看到他坚持不懈的韧劲

当孩子对某项运动技能熟练之后，会想要将它迁移到其他运动场景，或与其他技能进行叠加，自发地提高挑战性。

例如，案例中前两个孩子以往在平地进行横向位移传球游戏时，就会因双方配合不够默契、传接球动作不够标准、传球的力度不均匀等原因产生失误。这次，他们想要将传接球与"踩高乐"进行叠加，升级挑战难度。

一开始，他们就如何站位的问题展开了一番思考，接着便要接受来自配合默契度的考验。值得称赞的是无论他们失败多少次、捡了多少次球、从器械上掉下多少回，却始终没有轻言放弃，不断调整着自己的动作，逐步提高默契度。

而钧钧已经熟练于持续踩着"踩高乐"移动，他给自己设定的挑战是在完成腿部动作的同时，增加手部动作——双手同时转圈和拍球。这是两个完全不一样的动作，哪怕是在平地玩，只要节奏掌握不好，也会失误连连，对整个人的协调性以及平衡力提出了极高的挑战。

钧钧在练习的过程中并没有被失败击倒，而是通过坚持不懈的尝试与努力，在失败中总结经验，发现"速度越快成功率越高"这个秘诀，最终大获成功！钧钧成功的背后折射出的是他坚韧不拔、永不言败、坚持不懈、乐于探索的体育精神，是值得大家称赞和学习的可贵品质！

"

园长的话

提供观察表，让教师持续观察与记录成为常态

孩子的发展是需要时间的，案例中的教师对孩子的等待和肯定，未必是基于她对孩子能力水平的充分了解与预期，但一定来自于她对孩子自主意识的尊重以及对孩子潜能的信任。当她在持续观察中发现孩子心理微妙的变化后，会及时给予心理上的支持与肯定，让孩子们能够安心地继续尝试和挑战，才能在最后出现令教师惊讶的"哇"时刻。

为了让教师能够在持续的观察中发现孩子的发展，看到孩子的能力变化，并相信孩子"能行"，我们为教师提供了格式化的观察记录表，同时建议教师在每次活动进行整体观察的基础上，在一个月中对某些孩子进行持续性的重点关注和追踪记录，以便观察视角可以由面到点进行聚焦。以此来帮助教师学会看到具体的个体，更细微地感知具体个体的心理变化、能力发展与蕴藏着的潜能，继而让教师坚信——如果给予孩子自由，就能看到他们"能行"，相信孩子可以达到教师都预料不到的水平。

"

幼儿运动观察记录表

上海市虹口区体育幼儿园编制

基本信息				
重点关注的幼儿	幼儿 1	幼儿 2	幼儿 3	幼儿 4
性别				
年龄				
观察日期		观察教师		

活动背景和目的	
运动区域	
运动目标	
具体玩法	

孩子们的故事（实录）	解读与分析（幼儿发展水平）

小结梳理（教师的指导策略）

案例

看到偶然——秋风扫落叶

采样来源 /

中班

供稿者 /

张静艳

背景介绍

—

每次进行运动游戏时，场地上都会提供泡沫垫，孩子们可以自由使用。他们经常利用泡沫垫玩开小汽车、跳荷叶、平衡走、抛接垫子等游戏，每次都有一些不同的玩法出现。

观察日期

10 月

观察场地

宽阔的运动场地

活动类型

区域运动

观察目的

对场地上经常出现的泡沫垫，孩子们还会想出哪些新玩法？

 在操场一旁投放若干泡沫垫，孩子可以自由使用

 建议在空旷的场地进行，避免孩子相互碰撞

案例过程

2. 有的孩子用泡沫垫当方向盘，玩"开车"游戏

1. 有的孩子把泡沫垫当伞，挡在头上玩"避雨"游戏

百变的泡沫垫

自由活动时，我在运动场边投放了一些泡沫垫，孩子们可以自由使用。

有的孩子将泡沫垫当做方向盘，高举在胸前来回转动，玩起"开车"游戏；有的孩子将几块泡沫垫铺在地上，双脚并拢屈膝跳过垫子，玩"小青蛙跳荷叶"的游戏；有的孩子单手拿泡沫垫，用力向外一甩，垫子飞出五六米远，玩起了"扔飞镖"游戏；有的孩子将泡沫垫顶在头顶上，双手持平，玩起了"平衡走"的游戏；还有的孩子两两对立站好，相互抛接泡沫垫。

一只手抓着泡沫垫扇来扇去，保护着自己不被风眯了眼。风停了，可孩子们依然用泡沫垫扇着，其他孩子见状也纷纷学起样来。

没多久，又一阵风吹过，落叶随着风儿"跳起舞"来。"孩子们快看，秋风扫落叶啦！"我的话音刚落，风停了，落叶也停了。潇潇、毅毅立刻拿起手中的泡沫垫，对着地面上的落叶使劲地扇着，落叶也随之往上飘了起来，在空中舞动着，他俩看见乐得合不拢嘴。

不一会儿，越来越多的孩子加入了他们的行列。有的孩子依靠手腕的力量大力扇动泡沫垫；有的孩子索性摆动起整个手臂来扇动泡沫垫。孩子发现他们用的力气越大，被泡沫垫扇动的树叶就飞舞得越快。于是，他们扇得更起劲了！

突然，潇潇大声喊道："老师，你看呀，我把树叶都扇到旁边去了，它们越跑越远了！"晨捷见状马上说："我的树叶一定要比你的树叶跑得更快！"说完他立刻用双手抓着泡沫垫使劲地扇树叶，带动着整个身体都晃动起来。

原来，泡沫垫还可以用来玩"秋风扫落叶"呢！

3.有的孩子把泡沫垫当扫帚，玩"扫落叶"游戏

[
起风了，风停了
]

忽然，一阵大风吹过，吹起了地上的树叶，有几个孩子一只手挡住自己的眼睛，另

教师观察手记

抓住偶然，让它成为妙不可言的教育契机

当孩子们沉浸于他们日常玩泡沫垫的游戏时，恰好一阵风吹过，飞舞的落叶带给我突发奇想的灵感——可以用泡沫垫把地面上的树叶扇起来。但我并不想把自己的想法直接告诉孩子，让孩子们学着我来做。我期望孩子们自己注意到"秋风扫落叶"的现象，并将它与泡沫垫的玩法联系起来。有准备的等待果然有结果，又一阵风吹来，我大喊一声，引发孩子们的注意，接着"用泡沫垫扇落叶"的行为便自然而然地发生了。

孩子们发现由泡沫垫产生的"风"的大小不仅与扇动泡沫垫的幅度和力度有关，还与扇动泡沫垫的发力部位以及拿泡沫垫的方法也有关系。孩子们越玩越起劲，最后甚至还想出了"赶走落叶"的竞争性游戏，分成两组来玩。

一次偶然的灵感激发，我抓住了一个教育契机；一次偶然的"遇见"，让孩子们发现了游戏的创新玩法。在观察中要继续提高敏感度，发现偶然、抓住偶然，不浪费偶然！

"

园长的话

编制关键指标，推动教师支持幼儿快乐运动

在这个案例发生之后的教研活动上，有教师提出疑问——让孩子自由使用泡沫垫的话，他们会把泡沫垫当成角色游戏的道具，这对运动游戏而言，价值何在？

我们认为，在"强体育心"课程实施的过程中，让孩子对运动保持愉快的情绪是必要的保证。就"育心"本身而言，除了勇敢、坚毅等深层的心理品质，首先要关心的是孩子是否有着愉悦的运动体验，这也是我们园所自己编制的运动评价指标中的关键指标之一。适当地顺应孩子们的想法，关注他们参与运动的兴趣，才能为培养终身的体育爱好者打好扎实的基础。

因此，我们在让孩子接触一种新的体育器械时，一开始并不会限定玩法，也不会将使用方式局限在运动游戏上，让孩子自由探索、喜欢上这个器械，保持愉悦的心情与积极的兴趣，是体育器械投放初期的关注点。案例中的教师巧妙地抓住了孩子们区域运动中的一时"偶然"，把游戏的趣味与运动的技能要求结合起来，是一次有价值的教育行为，而这种结合的源头来自教师对孩子们自由使用体育器械的方法与情绪的观察。

"

案例

5

看到勇敢——子暄的完美蜕变

采样来源 /

中班

供稿者 /

杨晓蕾

背景介绍

老师发现孩子们对在海绵垫上翻滚攀爬很有兴趣，便因地制宜地将海绵垫和室外楼梯进行结合，创建出一个新的富有"挑战与冒险"元素的运动环境。

观察日期

10 月

观察场地

室外楼梯

活动类型

区域运动

观察目的

面对陌生且富有一定挑战的游戏环境，胆小的孩子会有何种表现？会如何应对？

以楼梯转角为分界，海绵垫可以错位铺在上下楼梯的不同侧边位置上，以此避免因通道单一而造成的楼道拥挤或顺坡直落的风险

将海绵垫首尾相接，铺在楼梯台阶的一侧，用绳子固定海绵垫之间、海绵垫与楼梯之间的连接

在楼梯与地面的连接处铺上海绵垫进行加长，作为下落的缓冲保护

案例过程

2. 从楼梯的一半高度，子暄自己用手扶着扶手，脚一蹬一蹬地往下滑

1. 老师牵着子暄的手，从楼梯的一半高度滑下

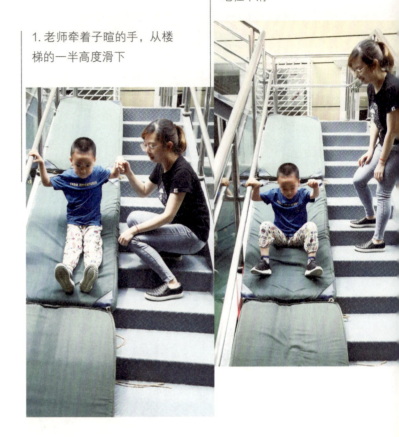

楼梯上的海绵垫

原本无人问津的楼梯在绑上海绵垫之后，立刻引来孩子们的关注：

"这个海绵垫放在这儿是干什么用的？"

"楼梯上怎么放了海绵垫？好像一个滑梯哦！"

"这个海绵垫不是放在地上让我们爬的吗？怎么今天放到楼梯上去啦？"

"谁想试一试？"话音刚落，嘉嘉第一

4. 子暄独自来到楼梯最高处，整个人躺在垫子上，用手扶着扶手，慢慢扭动身子往下滑

3. 老师陪伴子暄来到楼梯最高处，看着他两手撑在海绵垫上，挪动身子往下滑

牵着你
试一试

个坐到了海绵垫上，他坐在海绵垫的顶端一动不动地看着我，纳闷地问道："我怎么滑下不去啊？""你自己想办法下来呀！"我刚说完，就见他腿一蹬一蹬、屁股一颠一颠，顺着海绵垫滑了一下。周围的孩子立刻为他鼓起掌来，争先恐后地在楼梯上排起队来，原本空旷的楼梯一下子变得热闹起来。

子暄在我身边站了很久，一直看着小伙伴们玩，我问他："你怎么不去玩？""我就看一下，我就看一下。"子暄不断地重复着这句话。"去试一下吧，很好玩的哦！""还是不要了吧，我就看一下，看一下就好了。"他边说边将身子缩到了我身后，我伸手把他牵了出来，继续问他："我陪你一起去试一试好吗？"子暄看了我一眼，不吭声。我牵着他的手，带他走上

了楼梯。走到一半，他嘴里不断地嘀咕着："很高的，很高的，这个很高的。"慢慢地，他停下了脚步，想要挣脱我的手掉头往下走，"怎么了？是不是有些害怕了？""这个很高的。"子暄重复着这句话。"要不，我们就从这里滑下去吧。你先试一试，就知道有多好玩了。不要怕，我一定会保护你的。"他紧紧地抓住了我的手，同时也慢慢地蹲下身子坐在海绵垫上。他发现坐在海绵垫上并不会直接滑下去，就慢慢挪动起自己的身体。他的表情还是很紧张，我试图松开他，他死死地拽住我，就这样，他在我的"搀扶"下，半滑半挪地顺利地抵达了终点（楼梯底部）。"哇！子暄你好棒哦！这个很好玩吧！"

敢的，我不怕的！"他边说边拉着我的手再一次走上楼梯，待他在海绵垫上坐稳之后，突然将我的手甩开，自己用手扶住旁边的楼梯扶手，用小脚一蹬一蹬地坐着往下滑。我在一旁时刻关注着他面部表情的变化，以便在他需要帮助的时候及时提供援助。

令我没有想到的是他的表情越来越放松，滑到楼梯底部的时候，他突然笑了起来，嘴里不停地说道："我很棒的！我很棒的是吧！""嗯！说得没错，你越来越棒了！"我回答他。

挑战最高处

松开手
再试一次

"我很勇敢的！我很勇敢的！……"子暄嘴里又不停地嘀咕起来。"没错！你真的很勇敢！我们要不要再试一次？""我很勇

"晓蕾老师，我还可以再试一次吗？""当然可以啦！"子暄照常顺势牵起我的手，想要我继续陪他走上楼梯，我停下了脚步，子暄看了我一眼，又继续拉着我的手准备走上楼梯，我依然站着不动，当他再次回头看我的时候，我对着他摇了摇头，试图将手松开。他呢，抓得更紧了，"陪我到最上面去好吗？我要到最上面去！陪我上去

好吗？"子暄看着我说道。

听到子暄自告奋勇地想要向高一倍的滑梯位置发起挑战，我当然愿意做他的"守护神"。子暄牵着我的手走向楼梯最顶端，他的脚步轻快了不少。来到最高处，他又开始自言自语："还是蛮高的，还是蛮高的，我很勇敢的，我很勇敢的！""子暄，相信自己，你一定能行的！"我在旁给他打气。

他一手扶着楼梯扶手，一手紧紧地牵着我的手，小心翼翼地坐在海绵垫上，身子往下挪了几步后，便松开了我的手，将两只手都撑在了海绵垫上，这个动作能帮助他更快地在海绵垫上挪动。我紧随其后，一路"护送"着他到了楼梯最底端。

他兴奋地站起来高声说道："我很厉害的！我很厉害的！"我摸了摸他的头，对他竖起了大拇指："我说你一定可以的吧！""是的，我很厉害的！我很厉害的！"他一边叨念着，一边又自己走上了楼梯，这次没有要求我继续陪伴。

挑战
独自下滑

来到了楼梯的最顶端，他看到前面一个孩子仰天躺在海绵垫上，像一条小鱼一样，扭动着身子，顺着海绵垫滑了下去。轮到他的时候，他先坐到海绵垫上，小屁股向下挪动了几次后，开始模仿起前面同伴下滑的样子来，两手抓着旁边的扶手，人慢慢地躺在海绵垫上，待整个后背都靠在海绵垫上后，开始慢慢扭动身体，慢慢下滑，他的双手依然紧紧地抓住旁边的扶手，在下滑的过程中还会时不时地起身看看终点还有多远。

到达楼梯底部了！再次获得成功后，子暄显得更兴奋，"我很厉害的！我很厉害的！"看到我微笑着向他竖起了大拇指，他又不停地重复着同样的话，只是这次声音响亮了不少。

教师观察手记

陪伴孩子，给他勇气

作为老师，我经常在想孩子需要我做什么？也许，很多时候并不需要复杂的活动设计、引导或干预。孩子需要的只是老师的陪伴和支持，给他带去安心，带去安全感。

老师的贴身陪伴、一句"我会保护你"的承诺，就像给孩子吃了一颗"定心丸"，让他们敢于在未知且略具挑战的全新环境中勇敢地跨出第一步。老师时刻关注的眼神、及时的鼓励与肯定、毫不吝啬的赞扬，就像给孩子打了一针"强心剂"，让他们在失败中不气馁，小步递进，逐步突破，最终体验成功带来的无限惊喜。

在一段平等、亲密、相互信任的师幼关系中，孩子就能获得力量与勇气。

"

园长的话

倡导耐心、细致的观察与适时的回应

对幼儿园教育而言，教师与孩子之间的关系是一切的基础。教师必须对孩子保持敏锐的关注（有同理心和支持的态度），并始终予以积极回应（主动与孩子互动）。由此，教师和孩子之间得以建立起稳定的关系，孩子在这种关系中感觉到安全和包容，继而更愿意积极主动地去探索周围的世界。

在这个案例中，我们可以看到，当孩子想上楼梯但又不敢上的时候，教师给予了贴身陪伴；当孩子敢于放手，自己滑下"滑梯"时，教师又做到了及时放手。在整个过程中，正因为教师持续、专注地观察，才会"看"到孩子内心的微妙变化和心理需求，从而在逐步放手的过程中，见证他慢慢变强。这个孩子的勇敢，不是教师"教"会的，而是他在自我体验中慢慢建立起来的，也是在由教师带来的安全氛围中逐步强化的。

让教师管住"口"、放开手，给到孩子充分的自由与信任，师幼之间更容易建立起稳定的良好关系，而这种关系又会成为孩子进一步探索、挑战的推力。

"

案例 6

看到多样——飞跃水桶路

采样来源 /

大班

供稿者 /

张琳

背景介绍

老师发现孩子们对跨跳水桶的运动项目非常有兴趣，便提供了若干组不同种类的水桶，有单只水桶，也有两只或三只捆绑在一起的水桶组，孩子可以自由摆弄和组合。

观察日期

10 月

观察场地

宽阔的运动场地

活动类型

区域运动

观察目的

孩子会如何将水桶组合成不同造型，打造出适合自身运动的场景？

大、中、小尺寸的篮筐若干

两只捆绑在一起的水桶组合若干

三只捆绑在一起的水桶组合若干

单只水桶若干

案例过程

2.第二次，佳佳模仿着大力的动作，分腿爬过高桶

1. 第一次，佳佳跑着绕过高桶

3. 第三次，佳佳做了一个从高桶一侧跳过的假动作

跨越高低桶

发现场地上多了不同类型的水桶后，孩子们便自发地用水桶进行组合。水桶的类型、数量、位置调整后所发生的变化，让水桶小路始终保持着多样的状态，孩子们每次的跨跳动作也充满了变化，让这项运动变得更有挑战性。

大力、佳佳、阿诺将两只捆绑在一起的水桶组（低桶）和三只捆绑在一起的水桶组（高桶），以一定的间隔距离，横放在操场上。第一次，大力遇到高桶就跑着绕过去，阿诺则跨跳成功，佳佳跨过一个低桶后自然地跑着绕过高桶。第二次，大力双手撑住高桶，张开双腿跳了过去，阿诺也再次跨跳成功，佳佳则模仿着大力的动作，双手撑桶，张开双腿，从高桶上爬了过去。第三次，大力分腿跳过高桶，阿诺采用跨跳方式成功跳过高桶。佳佳则尝试了一个新动作，他双手撑住桶，

4.第四次，佳佳加速跑后踩在低桶上，成功跨跳过高桶

5.第五次，佳佳用中筐代替低桶，踩着中筐成功跨跳过高桶

落地后，佳佳拍着胸脯说"我刚才差点摔跤了呢！"阿诺边做摇身体的动作边回应："低桶不太稳，动作快的话，有时候桶会移动的。"大力接着说："那我们用中筐试试看！"阿诺点头说："中筐可以，中筐比较稳，我前面玩跳筐的时候踩过的！"说罢，大力从操场边搬来了2个中筐。

两条水桶路

做了一个从高桶一侧跳过的假动作。

玩了三次后，大力移动了一下两个水桶组的位置，让它们前后紧挨着，距离起点约4米。三人回到起点再次开始游戏。第四次，大力踩在低桶上，纵身一跃，跨跳过高桶，阿诺、佳佳也用同样的方法跨跳过高桶。大家都成功了！

第五次，大力、阿诺用同样的方式，踩着低桶跨跳过高桶。佳佳则往后退了几步，加速向前跑，他一脚踩在低桶上，另一条腿抬得高高的，在空中停留了几秒，扫过高桶。

来来回回几次搬动之后，操场上出现了2条水桶路——一条由1个中筐和两只捆绑在一起的水桶组紧挨着组成；另一条由1个中筐和三只捆绑在一起的水桶组紧挨着组成。两条水桶路相互平行。

第六次，每个孩子自由选择了一条喜欢的水桶路，用自己擅长的动作成功完成飞跃高桶的动作。

自由带来了变化，变化带来了发展

《3-6 岁儿童学习与发展指南》中提到：5-6 岁幼儿可以用比较复杂的运动技巧进行活动，合作意识逐渐增强，规则意识逐步增强，初步理解周围世界中比较隐蔽的因果关系。

大力、佳佳、阿诺正是在一个宽松自由的运动氛围中，通过不断改变水桶组合的方式，产生了属于自己的独特运动体验，孩子自己成为了运动动作的设计者。

以佳佳为例，从跑着绕过水桶，到模仿同伴的动作爬过水桶，再到慢慢尝试用自己的方法跳过水桶，他在观察和模仿同伴的基础上不断地调整着自己的动作。

以大力为例，从双手撑住竖着的高桶，张开双腿跳过，到将低桶和高桶进行组合，踩着低桶借力跨跳过高桶，再到用较为稳固篮筐替换容易滑动的低桶，让自己的动作发挥得更好，他在和同伴的互动中不断调整着运动材料的组合，进而达成特定的运动结果。

以阿诺为例，在不断变化造型的水桶小路上，他一次次获得新的刺激，逐渐熟悉和掌控多种运动环境。

园长的话

让教研成为研究成果传承与再实践的阵地

给孩子自由，不仅体现在内容、材料、玩法上不对孩子设限，也体现在给孩子提供更多的刺激，让孩子开动脑筋、鼓起勇气去摸索、挑战自己的能力，自然地激发出孩子新的运动经验，提升他们的运动水平和智慧。

我园重点对幼儿园运动活动中常用的 8 大类 16 种器械做了研究，对孩子接触每种器械可能发生的运动行为、可以发展的运动技能进行了基于实践的详细梳理。另一方面，也会在孩子自由活动时，同时投放多种器械，激发孩子迁移运动经验，综合运用运动智慧。

这些宝贵的实践经验，经过教师的观察与记录，被留存下来，在集体性的教研活动中被反复讨论、解读与分析，加入整理后又成为其他教师实施运动活动的参考与借鉴。

7

案例

看到安全——我想跳下来

采样来源 /

中班

供稿者 /

杨晓蕾

背景介绍

轮胎作为中班的重点研究器械，它的玩法
有很多，如：推、滚、跳、拖拉、爬等。
这次活动主要围绕"跳轮胎"展开，老师
还提供了适当的辅助器械供孩子们选择，
期待他们能跳出别样的精彩。

观察日期

11 月

观察场地

空旷的运动场地

活动类型

区域运动

观察目的

在孩子自创的跳轮胎玩法中，
是否有安全隐患存在？

轮胎 10 个，孩子可以共用轮胎
开展游戏

建议在平整、柔软的塑胶场地进行，
避免孩子在尝试创新玩法时因不慎
摔倒而受伤

提供长凳、大圈、过河石等辅助
器械，便于孩子搭建丰富的游戏
场景

案例过程

1. 孩子从长凳上跳入轮胎洞中

2. 孩子从长凳上直接越过轮胎

3. 孩子将轮胎抬上长凳，想从长凳上的轮胎跳进长凳下的轮胎

4. 经过老师建议，孩子将长凳下的轮胎换成圈

［ 轮胎 + 长凳 ］

龙龙、承承和诺诺在玩跳轮胎游戏，他们想出了各种不同的跳轮胎玩法，例如，双脚并拢跳过轮胎，双脚分开跨过轮胎，跨跳轮胎，跳上轮胎再跳下，跳进轮胎再跳出，还有踩在轮胎上旋转着跳，尽量不让自己掉下轮胎……就这样，他们不断变换和创造着玩法，大约七八分钟后，玩法渐渐固定下来。

我在一旁提醒："可以试一下旁边的辅助器械哦。"三人听了立刻从旁边搬来了一把长凳，将一个轮胎放在长凳前。承承率先站上了长凳，然后从凳子上跳进轮胎的洞洞里，再从轮胎里跳出，"你们看，我可以直接从这么高的地方跳到轮胎里，我厉害吧！"龙龙、诺诺也模仿着玩起来。

玩着玩着，诺诺突然说"我还有个新玩法。"只见诺诺站上长凳、蹲下身子，纵身一跃，直接越过轮胎跳到了地上。旁边两个男生看了，先愣了一下，然后直呼他们也行，

5. 孩子成功地从长凳上的
轮胎跳进长凳下的圈里

7. 孩子听从建议，将叠放的轮胎
从长凳上移到地面

6. 孩子将两只轮胎叠放在长凳上，
想从轮胎里往下跳

也站上了长凳，做出和诺诺同样的动作。

不一会儿，他们又合力将一个轮胎搬上了长凳，承承跨进轮胎里，刚做了一个下蹲的动作想往下跳时，我立刻上前问："承承，等一等，你想干什么？"

"我想从这个轮胎直接跳到下面的一个轮胎里去。"

"这样不行，太危险了，轮胎有一定的高度，你这样跳会崴到脚的。你们再换一个器械试试吧。"我建议道。

"那我们把地上的轮胎换成圈吧！"诺诺立即想到了调整的办法，"这个圈的洞洞比轮胎要大，而且也没有轮胎高，这样应该没有危险了吧。"

"嗯，这个方法你们可以试一试。但一定要站稳再跳。"我再次提醒。

他们开始尝试起这个新的玩法来，我在旁边观察了一会儿，没有发现安全隐患，便转身离开了。

叠放的
两只轮胎

等我的视线再次回转到他们身上的时候，原本搁在地上的那个轮胎被抬到了长凳上，长凳上叠放着两个轮胎。他们三人还在一旁争论：

"这个不行的，太危险了！"

"我们再试试别的方法吧，这样真的有点危险。"

诺诺和承承在一旁竭力制止，而龙龙偏要一意孤行，还喊着："不试试怎么知道啦！"

见他们僵持不下，我立刻走过去。龙龙已经站在长凳上，他用手撑住轮胎，跨进了轮胎洞里，正准备蹲下身子跳出轮胎。我马上出声："停！你要直接从里面跳出来啊？"

"对啊！"

"直接从2个轮胎里跳出来！而且还是从长凳上往下跳！这个太危险了！"

"我们刚刚跳了一个轮胎，已经成功了，现在增加难度要跳2个嘞。"

"想尝试新的玩法，这非常好，但是无论如何安全总是第一位的，你们可以把它放到地上再去挑战！"

"对的！我怎么没有想到呀！"龙龙吐了吐舌头，和小伙伴齐心协力地将长凳上的两个轮胎搬到地上，再叠放起来。

诺诺最先尝试，她跨进轮胎洞里，微微蜷缩起身体，纵身跳出了轮胎。"哇！太厉害了！"在一旁关注着他们的我给他们大声鼓劲。龙龙第一次挑战失败了，第二次他铆足了劲，纵身一跳，成功了！承承也在几次尝试后成功，大家都很开心。

教师观察手记

保持警醒，看到运动中的安全隐患

如今的运动活动越来越推崇幼儿的自主性以及开放、可变的运动环境，但老师的手放了，心却不能松。

孩子在运动，老师要在旁观察孩子的运动状况、与运动器械的互动情况、判断他们的运动水平。另一方面，还要捕捉运动中的安全隐患，充分保证他们在安全的运动环境中挑战自我。

案例中的三个孩子有着较强的运动能力和创新意识，在我的启发下，他们立即想出借助长凳来进行全新的玩法挑战。当新玩法被他们一一尝试成功后，他们渐渐不满足于现状，开始向更高的难度发起挑战——从长凳上的轮胎跳下，将两只轮胎叠放在长凳上等，但这也让原本安全的运动环境出现了隐患。

我在关注到这个现象后，立刻对他们"突发奇想"的行为进行了制止，但同时也给出了优化建议，孩子们可以调整器械（轮胎→大圈）、调整地点（长凳→地面），继续探索、挑战新的玩法。

在自主运动中，孩子们可能会一时兴起创设出新的运动场景，想要进行新的挑战，但这样的挑战也许超过了他们的预期和能力，将"安全"二字远远抛在脑后。

这时，作为老师要理性对待，要保持"清醒"的头脑，结合孩子的运动能力来判断他们自己创造的运动场景是否安全，是否可行。若发现有安全隐患存在，就要立即制止，并提出更好的改善建议，帮助孩子一同调整。这样，既不磨灭他们想要继续挑战的积极性，同时又让他们能安全地参与到想要进行的游戏中去。

安全的警钟时刻敲响，老师的观察丝毫不得松懈！

园长的话

安全无小事，园所做预案

安全无小事，"安全"在任何活动中都是教师要关注的第一要素。案例中的孩子沉浸在运动中，已达到一定的兴奋状态，将安全意识完全抛于脑后，这时教师的及时喊停就非常重要。

在自由与安全之间如何拿捏，这是教师面临的难题，也是园所应该提供给教师，尤其是给新教师的职业培训内容。我们从以下几个方面进行了预案准备：

- 编制适用于本园《户外运动操作规程》（参见第 26 页），在运动前的准备和运动中的观察指导时，为教师和保育员提供具有针对性的行为指导细目，包括预先排除安全隐患、精准选择观察的站位、提醒观察的要点等，以此为缺乏经验的教师"托底"，降低他们对安全隐患的焦虑。

- 加强对教师的培训，从以往的案例积累中提炼出不同体育器械、运动形式常见的安全隐患，通过日常教研、职后培训中的提醒，强化教师的安全意识，帮助教师看到易发的"危险"。

- 依靠教研辨析困惑，教师在日常活动中对安全隐患与干预时机的判断，很多时候难以有固定的统一标准，因为这些判断需要基于对孩子能力与水平的了解。当"危险"在孩子能够承受、可进行自我调整时，教师无需喊停，只需适当提醒注意即可。就如本案例中，孩子本身具有一定的安全意识，也能及时地自我调整。这样的案例也会成为教研的话题，让教师们各抒己见，逐步在如何拿捏自由与安全的问题上达成较为一致的共识。

02 单元

导　语

　　每一个孩子都是不同的，他们行为的背后都有着自己的意识与原因。如果给予孩子自由，就会看到他们能够自主选择、自由表现，同时也需要借由教师的分析将行为背后的因素解读出来。

　　然而在实践中，教师往往会用"我认为……"进行主观评价，看到某个片段、瞬间就简单地给孩子"贴标签""下结论"，这样的分析缺乏针对性与有效性。

　　那么，如何做才能提高分析与解读的能力，真正地剖析问题、真正地读懂孩子呢？这对教师而言又是一项大考验。

教师会**分析**，孩子能**自主**

案例索引

分析原则

运动中的分析

1

案例

分析层次——我和小球一起跳

采样来源 /

小班

供稿者 /

朱蔚

背景介绍

弹性球具有软、轻、弹性足的特点，是孩子自由运动时最喜爱的器械之一，他们能用小球玩出各种花样——抛球、滚球，踢球，投球，对玩小球积累了一定的运动经验。

观察日期

12 月

观察场地

空旷的运动场地

活动类型

区域运动

观察目的

孩子是否能够听懂要求，想出不让小球离身的玩法？

数量充足的弹性球，人手 1 个

案例过程

1. 有的孩子双腿夹球
慢慢往前走

2. 有的孩子双腿夹球
尝试跳起来

提出要求

　　户外活动时，孩子们拿着弹性球，不停摆弄着，一会儿往上抛、一会儿投篮、一会儿滚球、一会儿追着小球满场奔跑。

　　"有什么办法不让小球逃走？你要在和小球做游戏的同时，让小球始终接触到你的腿。"

4. 有的孩子双腿夹球能连续
跳过间隔摆放的软棒

3. 有的孩子双腿夹球能连续
跳过小轮胎

根据要求
创新玩法

起来，结果球总是滚落。

欣欣双腿间夹着球，猛地往上跳了一下，其他孩子看见了也跟着做。有的还没等起跳，球就掉了，有的刚刚跳起来，球滑落了，还有的能双腿夹球连续跳跃三四次！

几天后，我在运动场地上又放置了一些辅助器械，如棉棒、圈、障碍物等，孩子们发现后，用小轮胎搭成圈圈路、将障碍物摆成小树林，搭建出各种各样的小路，再在这些小路上，尝试双腿夹球跳跃，玩得不亦乐乎！

听了我的要求，孩子们想了一会儿，有的孩子用双脚夹住小球，不让小球逃走，然后尝试着慢慢往前挪动。紧接着，孩子们不满足夹着球走，有些孩子试图用腿夹着球跑

教师观察手记

借助团队力量，提高分析幼儿发展水平的能力

经过观察，我发现孩子们在用腿夹球跳这个运动技能上存在差异，有些孩子只能用双腿夹着球挪动，有些孩子能双腿夹着球跳 1 次，还有些孩子能双腿夹着球连续跳跃，孩子们呈现出的夹球跳水平并不一致。以我对孩子双腿夹球跳活动的原始观察为基础，年级组共同讨论分析，梳理出我班孩子双腿夹球跳有如下几种水平：

● **水平一**

幼儿的行为表现——能用双腿夹住弹性球，但无法夹球走动。

教师的解读分析——初步判断这些孩子的身体发展有所欠缺，后经医生检查，也再次佐证了这些孩子的关节比较松，导致腿部力量不够，无法顺利完成双腿夹球跳的运动项目。

● **水平二**

幼儿的行为表现——只能用双腿夹着弹性球往前走。

教师的解读分析——《3-6 岁儿童学习与发展指南》中提出小班幼儿"能身体平稳地连续性向前跳"，这些孩子尚未掌握此项技能，腿部力量较弱，难以完成双腿夹球往上跳的动作。

● **水平三**

幼儿的行为表现——能用双腿夹紧弹性球跳跃，但跳了一二次后球容易滚落。

教师的解读分析——运动技能尚未完全掌握，跳起后身体的平衡性、协调性以及瞬间的爆发力需要进一步加强。

● **水平四**

幼儿的行为表现——能连续双腿夹球跳 3 次及以上，还能挑战使用辅助物玩双腿夹球跳。

教师的解读分析——运动技能已经完全掌握，运动能力已经达到该项目的最高水平。

教师可以这么做——适当提供一些辅助器械，如圈、小轮胎、障碍物、棉棒等，创设新的游戏情境，对孩子双腿夹球跳的动作提出更高的要求，例如增加连续跳的次数、改变跳的方向、提高跳跃的高度等。

"

园长的话

积累专题研究，为科学分析提供依据

弹性球是我园重点研究的器械之一，因其软、轻、无棱角的特点，非常适合运动技能和自我保护能力尚且较弱的小班孩子。在每学期的教研活动中，我们都会对各班使用器械的情况进行案例分享，汇总不同孩子运用同种器械时的行为表现，对其进行梳理、归类与分析，发现幼儿在这项运动技能上的发展共性与层次。在这样持续不断的专题研究下，逐渐形成了我园对不同年龄段幼儿的运动行为表现观察与分析的依据——《重点运动器械评价指标》，以下简称《指标》（参见第 24 页）。

本案例中的教师正是根据此《指标》中"小班幼儿双腿夹球走"这一运动项目，对孩子们的现场行为进行了分析。

以观察为基础，以指标为抓手，就能更有针对性地对孩子的体质体能、心理素质、家庭环境等影响运动表现的因素进行分析，继而挖掘出行为表现背后的内在联系，并以此作为制定与实施后续教育策略的依据。

"

案例

2

分析困难——终于接住了球

采样来源 /

中班

供稿者 /

刘心悦

背景介绍

孩子们已经熟练掌握了抛球的技能，老师提出升级游戏难度，让孩子试着接住自己高高抛起的球。

观察日期

6 月

观察场地

大操场

活动类型

区域运动

观察目的

孩子在接住自己抛出去的球时，会遇到什么困难？

在有大树、屋顶等高度参照物的安全场地中开展活动

一人一个弹性球

案例过程
—

2. 有的孩子错过了接球的时机

1. 有的孩子害怕被球砸到，不敢伸手接球

提出要求

不敢接球

今天的大操场格外热闹，孩子们一个个把球抛得高高的，比谁的小球抛得比大树还要高。这时，我对他们说："我们已经能够把小球抛得高高的，现在提高一点游戏难度，能不能试着接住我们自己抛出去的球？"话音刚落，孩子们就迫不及待地试起来。

珺珺用力地把球向高处抛去，边抛还边笑，显得特别开心。但当球要落下来的时候，她却躲开了，我问她："宝贝，你为什么要躲开？"

索性一脚把落下的球给踢了出去。这动作把她自己也给逗乐了。

天天捡回球后，又再次尝试起来，这次他轻轻地把球往头顶上方扔去，然后稳稳地接住了球。"真棒！你成功了，能不能再来一次，把球抛得像前一次那么高，再接住球呢？试试看吧！"我向天天建议道。

3. 有的孩子朝脑后抛球

"因为我害怕它砸疼我。"珺珺这么回答。

我对她说："弹性球很轻、很软，即使被砸到也不会痛的呢。"一旁的天天听到后说："我才不害怕呢！"我就让天天试给珺珺看。

天天用力地把球朝脑后抛去，小球落到了他身后的草丛里。珺珺在边上咯咯地笑，我问："珺珺，你为什么要笑他？"珺珺回答："老师，他把球往后面扔，当然接不住啦。"说完，珺珺自己也试了起来，这次抛出球后，她并没有躲闪，但是几乎是在小球快要落地的时候才跑过去接球，最后，

不敢接球

瞳瞳一直在默默尝试，每当小球快要落到她面前时，她伸出手去接球，可小球每次都从她手中溜走。"瞳瞳，当小球快要落下的时候，你试着去抱住小球，试试这样它还会不会溜走。"我向瞳瞳建议。

这一次，瞳瞳在球快要落下的时候，一把抱住了小球，她大声喊起来："老师，你看你看！我接住了！""瞳瞳真厉害！"我对她竖起大拇指。

教师观察手记

找到失败的原因，有的放矢

《3-6 岁儿童学习与发展指南》中提到"4-5 岁幼儿能够连续自抛自接球"，在经过了一段时间的向上抛球练习后，我向孩子提出了"试一试接住抛出去球"的要求。

绝大多数孩子在刚开始尝试时，无法准确接住抛出去的球，通过观察，我总结有以下几种原因：

- 心理上的恐惧：正如案例中的珺珺，因为害怕被球砸到，害怕受伤，所以她不敢去伸手接球。

- 抛球的动作不正确：其一是不正确的抛球方向，如案例中天天向后脑勺的位置抛球，球落在身后方就无法接到球，如果向前方抛球，小球被抛得太远也会导致无法接到球；其二是不正确的抛球力度（高度），球抛得太高，会导致算不准接球的时机而接不住球，抛得太低又失去了自抛自接球的运动意义。

- 接球的动作不正确：如案例中的瞳瞳在球落下时，没有掌握接球的方法从而无法接住球。若用手掌或者手指去接球，可能因为手部用力太轻而让小球溜走，若手部用力太重，又可能把落下的小球弹出去。同时，不正确的接球动作也容易导致手指受伤。双手抱球的动作对孩子来说更能稳当地接住球。

- 接球时的专注力不足：有的孩子只顾往上抛球，却没有接球的意识，在接球时眼神没有聚焦在球上，左顾右盼或是去干了别的事情，这样也是接不到球的。

- 接球的时机不对：案例中的珺珺第二次尝试时，在球已经落下后，再做出接球的动作，错过了接球的时机。

园长的话

在教研活动中多问一个"为什么"

日常活动中，我们常常会在青年教师身上发现以下两种问题：

● 眼中没"问题"。

● 眼中都是"问题"，但不知道如何解决。

案例中的教师是一位只有一年教龄的新教师，在教研组活动上，教研主持人会针对教师们分享的观察内容，多问一个"为什么"，引导教师去回忆活动场景，思考现象背后的可能原因，鼓励教师试着从孩子们的动作、心理、能力等方面进行解读，不仅"看到"孩子们遇到的困难，还要试图"看懂"导致困难发生的原因。

小教研组活动为青年教师提供了答疑解惑的支持系统，充满肯定、鼓励的宽松教研氛围也减弱了青年教师主动说出自己想法时的羞涩和局促。针对无法解决的共性问题，大组教研会以此为话题开展案例分析会，借助理论学习、邀请专家助力、老教师现场指导等方式帮助青年教师解决实际问题与困惑。

案例

3

分析变化——太阳伞抖起来了

采样来源 /

中班

供稿者 /

高原

背景介绍

老师们在户外区域游戏时，投放了 3 顶太阳伞，孩子们可以自主探索、开发太阳伞的玩法。

太阳伞若干顶，每顶可供 6-10 个孩子一起玩

观察日期

5 月—6 月

观察场地

空旷的运动场地

活动类型

区域运动

观察目的

玩太阳伞时，孩子会如何根据自己的生活、运动经验和能力水平与太阳伞进行互动？他们的游戏行为会发生怎样的变化？

案例过程

2. 孩子们躺在太阳伞上

1. 孩子们在太阳伞上到处爬

3. 孩子们在太阳伞上玩找颜色的游戏

太阳伞初体验

户外运动游戏时，我将3顶大大的太阳伞平铺在操场上。孩子们看着地上色彩鲜艳的太阳伞，惊叹起来："哇！好大呀！""还有好多颜色！""我看到了红色！""我看到黄色了。"还有的孩子指着太阳伞说："它圆圆的，像我们家的地毯，不过比我们家的大多了。"孩子们讨论结束后，我将他们分成了3组，每组10名幼儿共同玩一顶太阳伞。

在接下来25分钟的运动时间里，我观察到90%的孩子从一开始就直接扑倒在太阳伞面上，爬来爬去、翻滚玩闹。2-3分钟后，有四五个孩子结伴找起了伞面上的颜色，他们会先爬到一种颜色上，然后呼唤朋友或我一起过去"占领颜色"。还有六七个孩子会掀起太阳伞面的边缘，向伞面下方张望。

你躲，我找

4. 孩子们用太阳伞玩"你躲，我找"的游戏

太阳伞抖起来

一周后，孩子们再次玩起太阳伞，我看见小阳阳蹲下身，伸手掀起太阳伞，不断地探头向着伞面下方张望，最后他的上半身几乎都钻入了太阳伞下方。

一旁的艾瑞克跑上前，大力掀起太阳伞，叫着要去抓小阳阳。小阳阳扭头看到，哈哈笑着，飞快地向太阳伞下方的深处爬去。一边爬一边还回头对着艾瑞克笑。为了能够抓住小阳阳，艾瑞克不断地抬起太阳伞的伞面，想要将太阳伞完全掀开。

"我抓到小阳阳了！"我站在太阳伞的伞面上，抱住躲在太阳伞伞面之下的小阳阳，笑着对艾瑞克说。艾瑞克连忙跑过来和我一起隔着太阳伞抱住了小阳阳，我们三人哈哈大笑起来。其他孩子看到这有趣的一幕，纷纷效仿着玩起了"你躲，我找"的游戏。

又一次户外运动的游戏时间，我问孩子们："你们是怎么玩太阳伞的？""在太阳伞上爬！""找颜色玩！""躲起来，找朋友！"孩子们纷纷说着这段时间他们探索出来的各种玩法。

"除了这些方法，太阳伞还能么玩呢？"我继续问。孩子们转头看着太阳伞沉默了，大约 10 秒后，萱萱大叫起来："抖！拿起来抖！我看到大班哥哥姐姐是这样玩的！"她刚说完，琳月也大叫起来："对的对的，昨天我们出来玩的时候，就看到大班哥哥姐姐这样玩过。""我也看到过！"一旁的大哥、小毕也都大叫起来。

于是，几个孩子自发地将太阳伞拿在手上，抖起了太阳伞。

追随孩子兴趣，分析孩子变化

新提供的太阳伞对孩子们来说陌生又有趣。看到那么大又鲜艳的太阳伞，孩子们开始自发地与它互动，探索各种有趣的玩法。分析孩子对太阳伞从陌生到产生浓厚兴趣的过程，大致经历了以下三个阶段的变化：

1. 初识——基于感官体验与生活经验的爬滚、走跑

中班幼儿已经积累了一些日常生活经验，所以孩子会将平铺在地上的太阳伞与自己家里的地毯联系起来，再用自身感官去直接探索了解这个新鲜事物，孩子们在太阳伞上爬行、翻滚，就是将太阳伞当成地毯进行游戏。他们在太阳伞上"找颜色"，是在调动自己的各种感官对太阳伞的各种属性（颜色、大小）进行直接感知。

2. 摆弄——在进一步探索中引发的钻爬、躲藏

经过一周对太阳伞的探索，孩子们开始不满足于初级的爬、滚动作。于是，当一个孩子试着用手去拿、掀太阳伞面，探索太阳伞下面的世界，其他孩子也跟着行动。他们着迷于在太阳伞面之下钻来钻去，喜欢反复地掀起太阳伞面来寻找伞下的同伴，躲藏与寻找给他们带来极大的喜悦。

3. 合作——通过模仿学习复杂玩法

经过更长一段时间对太阳伞的摆弄与探索后，受到思维水平和已有经验的限制，孩子们很难再创新出太阳伞的新玩法。我便想到通过运动前的谈话来启发孩子们进一步思考。能力强的孩子很快就回想起大班哥哥姐姐玩太阳伞的场景，于是开始模仿学习。这种对大年龄儿童的模仿学习，对他们来说非常容易接受。

"

园长的话

对成熟型教师提要求：观外在变化，探认知机制

在本案例中，面对太阳伞这一新鲜的运动材料，孩子们经历了"发现摆弄——灵感激发——借鉴学习"的认知变化过程，这个变化并不是在短短一次活动中出现的，至少历经了 3 周时间，而教师也在持续性的常态观察中时刻捕捉变化，并由最初的静观统计，到参与其中共同游戏，再到通过提问来推进。

不仅要看到孩子们的行为，还要试着分析行为的内在发生机制，这是我园对成熟型教师的要求，通过这种要求促使教师结合具体案例进行深入观察与分析，将具体的儿童行为变化与抽象的儿童发展特点联系起来，结合理论与实践，借此更加熟悉和理解儿童的身心特点。

案例

分析难度——跳筐

采样来源 /

大班

供稿者 /

沈燕春

背景介绍

在孩子已有单筐跨越能力的水平上，为加强大班孩子助跑连续跨跳的能力，老师将大小、高低不同的筐进行组合，创设出不同层次的挑战环境。

观察日期

10 月

观察场地

户外宽阔的空地

活动类型

体育集体教学活动

观察目的

面对由不同高低的筐带来的跨跳挑战，孩子会如何选择？

提供高低不同的筐，通过不同组合，改变跨跳的距离和高度

案例过程

1. 用自由玩筐引出助跑跨跳筐的挑战

2. 和孩子一起用高低不同的筐搭出障碍物，引发孩子跨跳的兴趣

3. 助跑跨跳过单筐，孩子们很简单

跳低筐太简单了

在"助跑跨跳单个横放的低筐"中，孩子们一个个轻松跳过单个低筐。回到起点后，有的说："太简单了。"一个孩子高喊："跳两个筐。"其他孩子附和着喊"我也成功了！"，情绪高涨。

于是，我加了一个低筐，"助跑跨跳两个横放的低筐"，难度增加了。当前面的孩子出发时，后面的孩子会情不自禁地发出指令，提醒同伴掌握节奏，全部孩子轻松地连续助跑跨跳过两个低筐。

我又将筐的方向变了一下，"助跑跨跳两个低筐"（一横向摆放、一纵向摆放），孩子们鱼贯地助跑跨跳过筐，并为成功连续跳过两个筐的同伴欢呼，所有孩子全部成功。

5. 孩子尝试助跑后连续跨跳
三个筐（其中一个是高筐），
挑战成功

4. 尝试连续跳过两个低
筐，也不难

试一试，跳高筐

这时，有孩子提议跳高筐。于是，孩子们转移到放置了高筐的场地上，助跑跨跳三个筐（一横向摆放、一纵向摆放、一个高筐），筐与筐间距离 5 米。跳筐过程中，两个孩子动作迅速精准地依次跳过三个筐，弹跳力强。大部分孩子也能顺利跳过三个筐，依依跳高筐时脚从旁边带过跨了过去，虽然没有完全成功，但大家仍然为依依拍手鼓掌，我说："依依原来不敢尝试跳高筐，今天也能跳过去了，太棒了！"所有孩子边鼓掌边欢呼："依依好样的！"旁边的杰杰也大声说："我今天也跳过去了！"

然后，我和孩子们一起搭建了"助跑跨跳不同难度的路径"：A 路径——三个高筐（较高难度）；B 路径——两个竖低筐一个高筐（较低难度）。

第一次尝试：5 名孩子自主选择挑战更高难度的 A 路径，7 名孩子选择了 B 路径。

A 路径上的 5 名孩子弹跳力非常强，动作娴熟连贯地连续助跑跨跳过筐。

能力较弱的依依选择了 B 路径，她顺利地跳过纵向摆放的两个低筐，跑至高筐前停顿了一下，抬腿跨过了高筐。

第二次尝试：看到这个情况，原先选择 B 路径的 3 名孩子转而调整至 A 路径，他们连续助跑跨跳过了三个高筐。我边拍手边提醒孩子们跟着节奏快速跑："像刘翔叔叔一样跳得高，飞起来的感觉。"当孩子们成功跳过去后，我大声夸奖他们。

孩子们尝试了两次，丽丽只跳了一次，还没有跳过高筐，她主动提出还想再试试。于是，我请她挑战一次高筐，成功过筐，同伴们的掌声响起。在这次尝试中，一共有 9 名孩子挑战跳高筐成功。

第三次尝试：这次有 10 名孩子选择 A 路径，虽然有 1 人迟疑了一下，最终也站到 A 队里。依依看了看，最后也排到了 A 队的末尾。"依依，假如你觉得不行，可以只跳一个或两个筐哦。"我在她耳边轻轻说。

挑战开始，有 4 名孩子速度快、跳得高，有 2 名孩子能跳过两个高筐，其余的孩子都跳过了三个高筐。

依依第一次尝试连续跳高筐，她先停顿了 2 秒，然后开始起跑，我在高筐处边打拍子边向她喊："加油！跟着节奏跑！"依依依次跳过了两个高筐，跑到第三个竖着的高筐前，突然停住了，最后还是直接转弯回到了起点。

教师观察手记

平衡任务难度与成功率

根据课堂观察和记录，从助跑跨跳的次数、筐的变化、挑战的参与度、助跑跨跳过筐的成功率等角度进行了如下统计：

助跑跨跳	筐的数量	挑战参与度 （总人数 :12 人）	成功率 （总人数 :12 人）
第一次	1 个低筐	100%	100%
第二次	2 个低筐	100%	100%
第三次	2 个低筐	100%	100%
第四次	3 个低筐（2 低 1 高）	100%	91.7%（11 人挑战成功）
第五次	A 队：3 个高筐 B 队：2 个低筐、 1 个高筐	A 队：67%（5 人参与） B 队：100%	A 队：100%（5 人挑战成功） B 队：91.7%（11 人挑战成功）
第六次	同上	A 队：100%　　B 队：0	A 队：67%（8 人挑战成功）

1. 分析幼儿——孩子更容易选择易于成功的项目

在活动中我们发现，一旦在跨跳中遇到困难，孩子都会表现出紧张、尴尬的神情，通常会改变姿势（用踩踏跳或单腿跨等动作降低跨越难度），也有的孩子就此不再挑战这个项目。

以本次活动中孩子挑战的参与度与成功率来看，他们大部分都能较轻松地完成任务，但个别孩子由于运动发展水平和心理因素的影响,面对较高难度的挑战(跨跳高筐)出现了退缩和不愿尝试的行为。

2. 分析环境——以更高的成功率引发更积极的参与

本活动中提供的筐,从筐的宽窄、深度的选择,到不同类型的筐的组合,都尽量预先考虑到本班孩子的运动能力水平,以能大概率跨跳过去获得成功的运动体验为挑选原则。

从案例描述和统计表中可以看出,当老师创设出具有差异、层次的运动场景,并且给予孩子自主选择难度(距离与高低)权利后,孩子们会对自己的运动能力进行初步评估,再尝试选择与之匹配的任务来挑战,他们更愿意选择能够获得成功体验的项目。

老师的预先设计关注到了孩子这方面的心理需求,极大地提高了他们挑战的成功率,同时也提升了他们参与运动活动的兴趣和积极性。

园长的话

利用可视化、数据化的资料，促进教师反思与调整

"跳筐"是我们园里一项经典的运动项目，为了提高单项活动的运动质量，避免教师在开展活动时出现"挑孩子""走形式"的现象，我们会拍摄个别教师（尤其是新教师）的活动现场实录视频，然后在教研会议上请他们结合现场活动的视频进行反思，重新梳理活动目标和实施思路。

为了以数据的形式更直观地呈现活动的难度和幼儿的能力水平，我们要求教师基于活动视频整理出一张统计表，以此全面了解本班孩子的能力水平以及材料提供、环境变化和环节设置等因素对孩子的影响。通过本案例中的统计表，教师能很清楚地分析出本次活动的难度水平，进而反思难度高低是否合适，在活动难度设置与孩子的运动成功体验之间找到平衡。

案例

分析个性——挑战木板桥

采样来源 /

中班

供稿者 /

陆晴芳

背景介绍

老师在运动场地上连续投放木板桥 1 个多月，有三分之二的孩子会在自由活动时选择玩木板桥，但有三分之一的孩子对这个项目没有挑战的兴趣。

观察日期

10 月

观察场地

空旷的运动场地

活动类型

区域运动

观察目的

过木板桥项目有一定的挑战难度，部分孩子放弃的原因是什么呢？

在宽阔的场地上，搭建出不同高低、不同样式（平面板、横杠板）的木板桥

木板桥的桥面长度控制在 2 米左右，桥面下铺设垫子以确保孩子的安全

案例过程

1. 孩子们在平面板的桥面上直立行走

2. 站在比较高的木板桥上，有些孩子不敢再向前迈步

3. 有些孩子选择与同伴同行，以此降低自己的恐惧心理

可恶！失败了

孩子们选择了横杠板作为桥面，搭建成功后，严严迫不及待地说："我先来，你们让开"，刚说完他就已经出发尝试过桥了。接近横杠板的时候，他没有丝毫地停顿，大步跨出，但没想到右脚一滑，伸进了两根横杠中间，他几次调整身体姿势才把右脚抽了出来。随后，他又准备右脚发力支撑起倒下的身体，没想到身体却往后倾倒，屁股又嵌进了两根横杠中。走在他后面的几个孩子不由笑出了声，他转头恶狠狠地对着他们说："你们笑什么笑！你们都闭嘴！"接着又不

断地调整身体姿势，可最终还是没能站起来，只得爬行着下了桥，之后，木板桥上再没看到过他的身影。

有点怕不敢过

4. 孩子们在横杠板的桥面上蹲行

6. 有些孩子能够用脚踩着横杠桥的两条侧边，直立行走过桥

5. 在横杠桥上直立行走时，孩子容易产生胆怯心理

我也不行

征征走在比较高的木板桥上，慢慢地放开了紧抓着木板两边的手。他慢慢站直身体，却又突然蹲了下去，过了几秒钟，他又试着站起来，可这次脚下的桥面轻微地抖动了一下，他的神情立刻紧张起来，马上又蹲下了身体。几秒之后，他慢慢地伸开双臂直起腰，起身到一半，他又停顿了下来，犹豫了三秒后再次蹲下身。只见他脸涨得通红，不断地喘着气，停顿了大约十几秒后，他跪在了桥面上，手扶着桥板从侧面滑下了木板桥，等脚踏到了地面，他马上大大地呼出一口气，转身就离开了。

活动刚开始，江江拉着诺诺说："我们去玩木板桥吧！"诺诺摇了摇头："我可不想玩，木板桥那么高，我害怕，要玩你自己去！"江江回应着："那我只想跟你一起玩呀！"诺诺还是不停地摇着头说："这个很危险的，你看，现在上去的都是男孩子，男孩子比我们勇敢，我们还是去玩跳绳吧！"江江朝木板桥的方向看了看，稍微犹豫了一下，点了点头说："好吧，我们去玩跳绳吧！"两人手拉着手跑开了！

分析个性，发现孩子放弃的原因

是什么原因导致部分孩子最终选择放弃挑战木板桥呢？经过观察分析后，我们发现孩子的个性对他们的选择有所影响。

1. 冲动急躁导致放弃

经过一段时间的观察，我们发现孩子们通过木板桥的方式比较多样：有爬行的、有直立行走的、有与同伴同行的等。但有些孩子因为走平面木板桥的时候非常顺畅，就导致他们在挑战更高难度的横杠桥时也处于一种自信与兴奋的状态。如本案例中的严严，他成功地通过了平面桥，但在过横杠桥的时候遭遇了挫折，过桥的速度不仅明显下降，还出现了易怒易放弃的表现。

2. 恐惧焦虑导致放弃

中班孩子对自己的运动挑战极限是缺乏准确判断能力的，如本案例中的征征，当他爬上较高的木板桥时，发现高度超出了他事先的预期，面对这种变化不由自主地产生了恐惧，心理压力一大，他就紧张得往后退缩，表现得特别焦虑、惴惴不安，最终，这些心理压力导致他无法冷静沉着地应对这个挑战。

3. 盲目跟随导致放弃

有些孩子缺乏独立的见解和行动力，比较依赖别人，这类孩子对自己运动能力的判断往往会受到他人的影响。如本案例中的江江，她只听了同伴的几句简单描述，就产生了"我也不行"的想法，跟随他人的意见选择放弃。

有一些研究表明运动能力的强弱与个性特征有着较密切的关系。例如，在走木板桥的时候，那些平时一直从容自信的孩子更容易平稳地通过，就算面对难度较高的横杠桥，他们也会勇敢地去尝试和挑战，克服自身的心理障碍，最后获得成功的体验；另外有些孩子虽然反应并不是非常迅速，但他们的意志力很强，就算刚开始的时候会出现一次次的退缩行为，但他们坚持到底的个性特征也会使他们最终取得成功。

《幼儿园教育指导纲要》中明确指出：幼儿园教育应关注个别差异，促进每个幼儿富有个性的发展。这就需要我们老师在运动中充分认识到孩子个性与运动发展之间的关系，深入分析孩子运动行为背后的原因，尊重孩子的人格和年龄特点，这样才能根据其个性特征采取更具有针对性的指导策略，以促进孩子良好个性品质的形成，为孩子健康的人生夯实基础。

园长的话

用常规机制沉淀经验，扩展新教师思维

本案例中的教师行为值得肯定的一点是：面对同样的失败结果，她只在一旁耐心观察，不急于介入，同时从心理特征、个性品质两方面对每个孩子的失败行为进行具体分析，继而发现导致不去挑战、挑战失败的原因各不相同，除去能力水平尚未达到之外，孩子也受到心理因素的影响，这种分析为之后教师更有针对性的支持打下了良好的基础。

当新教师对孩子的行为进行观察分析时，通常会更关注于对行为发展水平进行观察与解析，而关于孩子个性化差异对其行为能力的影响，则知之甚少。来自于成熟教师的实践积累、经验分享，对新教师而言是非常宝贵的学习宝库。因此，我园会通过传帮带、专题教研等常规机制，让新老教师一起分析经典案例，帮助新教师看到、学到成熟教师是如何观察、分析与思考的，扩展他们的思考宽度与深度。

案例

6

分析材料——彩带甩甩

采样来源 /

中班

供稿者 /

陈利韵

背景介绍

老师在户外游戏材料箱里新增了一些彩带，孩子们可以在户外自由活动时随意取用。

观察日期

5 月

观察场地

户外宽阔空地

活动类型

自由活动

观察目的

新投放了彩带材料，孩子们是否喜欢？使用起来会出现哪些困难？

足量提供彩带，确保每个孩子都能接触到彩带

彩带大约 1 米长，一端系有木棒，用于持握

案例过程

1. 彩带太长，容易缠绕起来，部分个子矮的孩子甩不起彩带

2. 有些孩子只会甩彩带这一个动作，时间一长就没了兴趣

3. 孩子们比赛谁用彩带甩出的圈更大更圆，有几个个子小小的女孩子即便满头大汗，也一直都甩不出大家所期盼的圆圈

　　刚投放彩带的时候，孩子们被这一新的器械所吸引。因其绚丽的颜色和优美的舞动形态，很快成为了户外自由活动时大家首选的运动材料。

　　大约一周后，一大部分孩子就对玩彩带失去了兴趣。虽然自由活动时仍有部分孩子会使用彩带，但却是拿着当做道具玩"小列车""钻山洞"等更多角色游戏，彩带本身的独特运动特性没有体现出来。

4. 孩子们用彩带当作列车车厢

5. 孩子们合作用彩带搭山洞

教师观察手记

分析发现材料的不足

不过一周时间，孩子们对彩带从惊喜到腻味，到底是什么阻止了他们继续探索彩带呢？观察后，我们发现有以下问题存在：

1. 彩带太长，孩子不好用

此次投放的材料是从网上直接购买的用于艺术体操的彩带成品，对学前阶段的孩子来说，这种彩带器械的长度太长了，如果要把彩带全部甩起来，需要用上很大的力气。

2. 动作不到位，影响甩彩带的效果

刚开始投放彩带的时候，老师并没有示范或预设任何动作，因此有些孩子在甩彩带时没站直，手臂也没摆到合适的位置，导致甩出的彩带形态过于随意，并不优美圆润，影响了孩子持续甩彩带的积极性。

3. 单一动作太枯燥，容易产生倦怠感

经过一段时间观察孩子们自由使用彩带的方式，我们发现可以用彩带玩出甩圈、甩高、甩远等多种玩法。但孩子往往做了几次动作之后，觉得甩动的动作太枯燥，也就没有兴趣再继续。也许可以结合这些动作为孩子加入一些情境，再开展同伴间的竞争，可以让活动得到延续，例如：甩圈的时候甩出大大小小的"龙卷风"，甩高的时候比赛谁的彩带能碰到更高的墙壁线，甩远的时候创设钓鱼情境等。

彩带和其他的运动器械有所不同，它的基本动作就是甩，怎么把它甩起来，怎样甩出更多的玩法都需要老师在观察的基础上发现问题，通过分析孩子的行为来调整材料、调整玩法，才能让运动器械获得更长的"生命力"，让孩子在运动中获得更多的快乐和发展。

1. 将彩带剪短后，小个子、小力气的孩子也能甩出更好看、更圆的彩带圈了

2. 孩子们面对墙壁比赛，看谁甩出的彩带碰到的墙面位置最高

"

园长的话

允许教师在实践中"试错"

无论投放什么运动材料，一段时间后，孩子们一般都会由兴趣浓烈转向兴趣缺缺。经过多年研究，我们鼓励教师分三步走来延续运动器械的"生命力"——在实践中发现、分析和解决问题。

本案例中的教师发现孩子在玩彩带的过程中出现了无法甩起彩带、预想的玩法与现实呈现的情况不符、因玩法单一而产生倦怠感等若干情况，于是先从材料的适宜性角度入手，再对之前出现的孩子的运动行为进行全面分析，最后针对材料和玩法做出了适当调整。

我们园强调"独立之精神"，允许教师在实践中出现不完美，鼓励他们去"试错"，在实践中试着寻找和解决问题。也只有在这样的氛围下，教师才会允许孩子们去"试错"，这是一个非常好的师幼共同成长的过程，教师们对运动器械的了解与熟悉也在不断调整的过程中获得扎实的经验与知识储备。

案例

分析情境——小青蛙捉虫

7

采样来源 /

小班

供稿者 /

邵丽丽

背景介绍

为了促进小班孩子身体平稳地双脚并拢向前跳的动作发展，激发孩子的运动兴趣，勇于尝试挑战，老师在体育集体教学活动"小青蛙捉虫"中，设计了丰富的故事情境。

观察日期

12 月

观察场地

空旷的运动场地

活动类型

体育集体教学活动

观察目的

在体育集体教学活动中创设情境，会对孩子的运动兴趣和行为产生哪些影响？

海绵棒若干，作为"水蛇"

足量提供泡沫垫作为"荷叶"

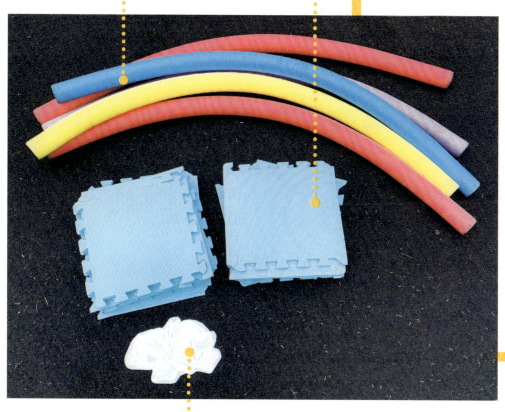

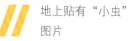
地上贴有"小虫"图片

案例过程

2. 小风吹过，"荷叶"散开，孩子跳跃的距离加大

1. 在地上铺"荷叶"，孩子要跳在"荷叶"上移动

3. 大风吹过，"荷叶"散得更开，间距变得更大，孩子很可能跳到"荷叶"之间

活动的目标与设计

活动设计分为四个阶段：（1）过荷叶桥捉害虫——尝试在泡沫垫上行进跳。（2）风来了，荷叶桥散了——尝试双脚并拢行进跳。（3）荷叶桥散得更开了——加宽"荷叶"间的距离，尝试双脚立定跳远。（4）避开"小蛇"——设置障碍，进一步练习双脚立定跳远。

体育活动"小青蛙捉虫"的目标是帮助幼儿提高跳跃能力，增强腿部肌肉力量，积累双脚并拢跳的经验。此活动以"小蝌蚪长大了"作为热身活动，引出"河塘对面的庄稼地出现了害虫，需要青蛙们去捉虫来保护庄稼"的情境。

4. 在若干"荷叶"间放置"水蛇"，
孩子们从上面跳过

5. 加入情境后，孩子们的跳
跃动作更规范了

引发情境

"小青蛙们，河塘对面有很多害虫，它们
破坏了很多粮食，快跟着妈妈跳过荷叶去捉
害虫，保护食物吧！"活动的第一部分，在
老师的引导下，孩子们尝试从一头开始，在
相互连接成路的"荷叶"上连续跳跃至另一头，
最后以拍打到路尽头地上的虫子图案为成功。
宁宁每一次都能坚持跳完"荷叶"去捉虫。

"哇，吹来一阵风，荷叶飘散了。"将连
接的荷叶小路中双数的"荷叶"取走，加大
了"荷叶"间的距离。"小青蛙们，荷叶被
风吹走了，你们还能勇敢地跳到对面去捉虫
吗？"我问道。"能！"孩子们回答。宁宁
跳到一片"荷叶"上，没法往前了，只能站
在上面来回动着双脚，持续了大约 1 分钟。
"青蛙宝宝，小脚用点力气，跳过去试试。"
我对他鼓励道。听罢，宁宁身体前倾往前跳，
落在了距离前方"荷叶"还差一点的地方。"有
进步，再去试试。"我说。接着，宁宁再次
屈身往前跳，这次小脚的力气比前一次更大
了，但还是没能跳到前方的"荷叶"上。

提供动作要点

给一点支持

我召集"小青蛙们"来休息，同时请个别能够跳过间隔"荷叶"的孩子来演示刚刚是如何成功的，最后进行总结："膝盖弯一弯，小手甩一甩，用力往前跳。"

当孩子们再一次去尝试跳过更远距离的"荷叶"时，宁宁依旧选择了距离较近的"荷叶"。但是，我看到宁宁尝试用了刚刚总结的方法，跳前弯了弯膝盖，这一次他成功地跳到了第二块"荷叶"上，开心地对我说："妈妈，我跳到荷叶上啦！"

"嘶嘶嘶……哎呀！不好了！水蛇来了！"我把几根海绵棒放到"荷叶"间，然后故作紧张地说，"青蛙宝宝们，等会你们要跳得更高、更远，才能避开水蛇哦！"

宁宁依旧选择距离较近的"荷叶"来跳，但却迟迟站在"荷叶"上不动。"为什么不跳呀？"我问。"害怕。"宁宁回答。"需要青蛙妈妈帮忙吗？"我问他，宁宁点点头，抓住我的手起跳，跳出的那一刹那，他的手也握得更紧了。成功了！宁宁跳过"水蛇"落到了"荷叶"上！"真棒！这次能自己跳吗？"我问他，宁宁点头。之后，宁宁虽然多次选择短间距的"荷叶"来跳，但再无需老师帮助。

教师观察手记

让孩子在游戏情境中接受挑战

此活动原本设计的情境是"小青蛙跳荷叶"，经过实践后发现孩子在单一的情境中难以持续地维持运动兴趣，到后期的参与度普遍不高。因此，我们对活动设计进行了调整，为情境添加了任务和目的——跳过"荷叶"去捉"害虫"，再增加了"一阵风吹过，荷叶吹散了""水蛇来了"等情节，逐步提高跳跃的难度，规范孩子的跳跃动作。

1. 游戏情境符合孩子的年龄特点

小班孩子的思维特点以直观形象为主，爱玩、注意力不集中、规则意识较为薄弱。同时，小班年龄的孩子又常常喜欢沉浸在游戏情境中，把自己当成游戏中的某一个角色。老师抓住这一特点，设计了以孩子的直接体验为导向的活动，丰富了游戏情境。活动中，"小青蛙"这一角色扮演以及"捉害虫""荷叶吹散了""水蛇来了"等丰富的游戏情境不仅满足了孩子对小青蛙的喜爱，促使其尝试角色扮演，还牢牢地抓住了孩子的注意力，使他们始终沉浸在要过河捉害虫的运动活动中。

2. 丰富的游戏情境有助于激发孩子的运动兴趣

兴趣是孩子做游戏的出发点。瑞吉欧的教育理念强调从儿童的兴趣出发，帮助他们构建知识。情境创设了兴趣，而兴趣则是孩子学习与游戏的维持纽带。一个好的游戏情境可以吸引孩子的注意力，让幼儿对游戏本身产生浓厚的兴趣，使孩子从被动学习转化为主动学习。在小班运动中，常常创设一些情境性的游戏，故事情节的引入使情境有了变化，激发了孩子的运动兴趣，他们的情绪也随之高涨，在情境中接受挑战。

在"小青蛙捉害虫"活动中，我们借助"过荷叶桥捉害虫""荷叶散了""躲避水蛇"等游戏情境,调动孩子的运动热情,让他们在游戏中更好地体验运动趣味性,同时提高了他们参与的主动性。

3. 丰富的游戏情境激发了孩子的挑战欲望

情境性是学龄前孩子开展运动中非常重要的一个特点。我们常认为情境性是引起孩子运动兴趣的关键因素。只要保证情境性与技能的平衡,情境的创设是可以达到引导孩子挑战、提高孩子运动能力的目的。在活动中,老师根据孩子对"双脚并拢跳"这一技能的掌握情况,随时调整游戏情境,在最后环节加入了"水蛇",让孩子尝试在跳得远、跳得高的过程中"躲"过"水蛇"。富有故事情境的游戏形式不仅提高了活动的有效性,对于能力强的孩子,激发了他们的挑战欲望;对于能力弱的宁宁来说,动作技能上的发展可能并不多,但是在运动品质上有了变化,愿意去尝试挑战自己。

园长的话

沉淀经典活动设计，不断实践与优化

　　本案例中的教师在设计这节体育教学活动时，能够根据小班孩子的年龄特点，通过对情境激发、材料选择、环境创设、形式多样这四个要素的运用，让孩子对"双脚并拢跳"这个动作始终保持着浓厚的兴趣，从而达到了充分锻炼的目的。

　　孩子的发展和学习是由兴趣和需求决定的，所以在幼儿园的一日活动中，教师要把孩子的兴趣作为各项活动设计和实施的前提。我园在体育教学活动设计中一直强调"强体"目标的显现，这也是我们评价孩子当天运动量是否达标的标准之一。然而，"强体"不等于机械的训练，依然要根据孩子的年龄特征去思考、探索更能够激发他们运动兴趣的游戏化情境。这类能将兴趣激发与"强体"目标平衡融合的活动设计，会被整理并保留成为经典案例，也会被一批新教师拿去再实践、再优化。

案例

分析兴趣 ——小兔找家

采样来源 /

小班

供稿者 /

施娴

背景介绍

老师发现小班的孩子特别喜欢快速奔跑，这个运动体验能给他们带来快乐，为了满足他们这方面的兴趣，老师组织了"小兔找家"的集体教学活动。

选择一块较为宽敞的场地，利用地形中的树木或竖起的器械架起一个用圈组合而成的圈网

观察日期

11 月

观察场地

空旷的运动场地

活动类型

体育集体教学活动

观察目的

孩子能否理解游戏规则，配合情境主动参与集体活动？

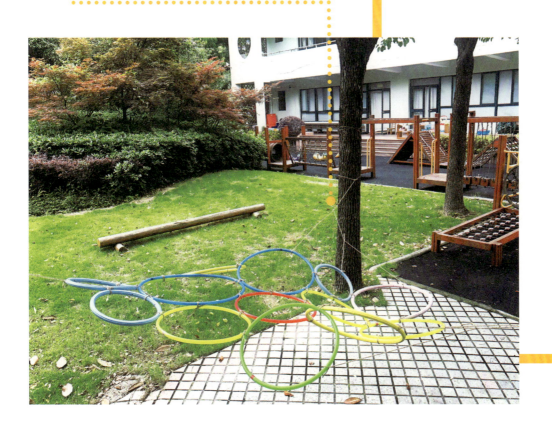

案例过程

1. 教师扮演兔妈妈，孩子们扮演兔宝宝

2. 在兔妈妈的带领下，兔宝宝们快速地往"家"跑去

熟悉回家的路

下雨快回家

手里的萝卜拼命往家（圈网）的方向跳去。快速赶回家的兔宝宝拍手高兴地欢呼："我到了。""我也到了。""妈妈，我快吗？""我比你快。"

老师扮演兔妈妈，孩子们扮演兔宝宝。兔妈妈带着兔宝宝们来到草地上一起"拔萝卜"，兔宝宝们有的在跳，有的在挖萝卜，有的拿着萝卜在"吃"。兔妈妈说："看谁能最快将萝卜运回家"，兔宝宝们迅速拿起

4. 兔宝宝们争先恐后往家里
奔跑，躲避大灰狼

3. 下雨了，兔宝宝们
快快回家

躲避大灰狼

回家放好萝卜休息一会，兔宝宝说："妈妈，我还想出去玩。"兔妈妈又带着兔宝宝回到了草地上。没过多久，出现一声很响的雷声（老师操作播放）。兔妈妈说："别被雨淋湿了，快回家去。"兔宝宝们快速地向自己的家奔去。有的兔宝宝手握拳头全力向家里快速奔去；有的兔宝宝边跳边跑；有的兔宝宝面带微笑舞动手臂，悠哉地向家里跑去。当所有的兔宝宝回到家后，大家拍手欢呼。

天晴了，兔妈妈带着兔宝宝去森林里野营，突然远处来了一只大灰狼（由另一位老师扮演），发现情况的兔宝宝大声喊起来："有大灰狼。"兔妈妈说："大灰狼来了，大家快回家。"兔宝宝们头也不回地向家跑去。有的仰着头奔跑；有的大幅度摆动双臂快速奔跑；有的摇摇晃晃奔跑；有的皱着眉头奔跑；有个还不小心绊了下趴在地上，立即爬起来继续跑。先回到家的兔宝宝叹了一口气说："我到了。"边拍手边双脚跳起来。之前皱眉的兔宝宝开心地笑了，拍拍自己的胸口问："妈妈，我厉害吗？"

教师观察手记

兴趣是参与运动的原动力

3-4 岁孩子（小班）的年龄特点就是常把自己的想象当真，游戏时也常沉迷于想象的情境中，把自己真的当成游戏中的角色，例如本案例中的兔宝宝，所以当孩子们听到"看谁能最快把萝卜送回家"的信号时，会自然产生"希望被兔妈妈认可、喜欢"的心理，继而想快速地跑回家 。这样的集体活动设计对这个年龄段的孩子而言很直观形象，能引发他们产生浓厚的参与兴趣。

在"小兔找家"的集体活动中，孩子们已有下雨时真实的生活经验，所以听到"雷声"的信号时，会产生不想被雨淋湿的真实心理，激发他们快速奔跑的兴趣。将运动中的某个环节要求与孩子们的真实生活经验联系起来，能令孩子更容易理解指令的要求。

小班孩子已有一定的故事角色认知，了解大灰狼这个角色存在的可能性，所以听到"大灰狼来了"的信号时，会产生一种强烈的自我保护的心理，会第一时间快速奔跑回家来保护自己。

这个活动的情境设计比较匹配小班孩子的生活经验和认知能力，因而能使孩子在理解游戏要求和行动信号的基础上产生强烈的参与兴趣，从而达成老师预设的体育运动目标。

在这个案例中，孩子们沉浸在扮演兔宝宝的角色情境中，情绪高昂地和兔妈妈一起外出找萝卜、搬萝卜，遇到下雨和大灰狼出现能够快速回家。就像《3-6 岁儿童学习与发展指南》中所说的"儿童的发展和学习都是由兴趣和需求决定的。"我们发现，如果是符合小班孩子生活经验及认知水平的情境，更能引发他们的情感共鸣，激发出他们参与运动的兴趣，让他们在快乐的兴趣体验中学习与运动。这种内驱力使他们在运动中由被动变为主动，能够自主、自觉地投入到运动中去。确实，兴趣是最好的老师。

园长的话

达成共识：情境创设必须指向运动本身

要想让小班的孩子达到"强体"的目的，教师需要用"情境"去支持他们，有了"情境"，孩子们参与运动的热情和主动性就被积极地调动起来了。

在这个案例中，教师看到了孩子们对奔跑以及动物扮演的兴趣，在此基础上增加了"家"的环境和情节，引发小班孩子出现钻、爬、蹲、起等动作；再通过音效、其他角色的配合来控制孩子们运动的"密度"和"强度"。整个活动设计不仅关注到了孩子的兴趣点，同时也将创设的情境和动作产生关联，充分挖掘出了"真情境"的作用。

在我们园日常的教学研讨中，教师们已对体育教学活动设计的关键要素达成了以下共识：情境必须指向运动本身，每个活动都要从孩子的兴趣点出发，与孩子的动作发展有效结合。同时将适配不同年龄段孩子的情境类型进行了梳理：小年龄段的孩子适合由故事改编、角色扮演类的情境；大年龄段的孩子适合有挑战性的、问题竞赛类的情境。

案例

分析预设——超级游戏棒

采样来源 /

中班

供稿者 /

刘粲璨

背景介绍

—

根据孩子自创的"撒竿"和"不碰竿"的游戏情境，老师设计了集体运动游戏"超级游戏棒"。随着竹竿数量逐渐增多，老师预设孩子能够一下跳过多根竹竿，越跳越远。

观察日期

10 月

观察场地

空旷的运动场地

活动类型

体育游戏

观察目的

孩子们在玩跳竹竿游戏时，会出现老师预设的玩法吗?

孩子两到三人一组，自由组合

一米长的竹竿若干(用胶带或布包住两头，避免划伤)，一人两根

案例过程

1. 孩子把几根竹竿聚拢到一起，竖起来，把住一头

2. 松开手，竹竿四散着倒在地上

撒竹竿

为了进一步激发孩子们挑战的兴趣以及动作水平，将每组（三人）所用的竹竿数量从 3 根增加到了 6 根。孩子们能够像我预设的那样先观察再跳，并尝试一下子跳过更多的竹竿、跳得更远吗？

随着"1、2、3"的口令，6 根竹竿被同时撒在了地上，出现了各种各样复杂的造型。有的孩子说："哇，我们这个像一幢房子。""我们这个像一把扇子。"有的孩子说："这里有一个好小的格子。"还有的孩子说："这次挺难的，我好像有点不会跳了。"

4. 孩子尝试用跳远的办法跳过
层叠在一起的竹竿

. 孩子依次绕着
竹竿连跳

跳竹竿

孩子们开始挑战跳竹竿。有一组孩子绕着竹竿的外圈一格一格地连续跳，他们说，这是排着队在跳迷宫。有一组孩子在挑战跳"小格子"，他们踮着小脚、弯下膝盖，小心翼翼地跳进竹竿横错交织出的"小格子"，

"哎呀，你碰到竹竿了，炸弹要爆炸了。"还有一组孩子，他们只是反复地撒着竹竿，并不跳，竹竿每次撒下后出现的造型都能把他们逗得哈哈大笑。

这时，元宝冲着我喊："老师，我可以一下跳过 5 根竹竿，你快来看！"我发现他们这一组的竹竿撒得很有意思，有 5 根竹竿叠在一起靠得比较近，而有一根则离得有点远。所以，元宝想先一次性跳过集中的 5 根竹竿，再跳过最后一根远处的竹竿。在成功跳过 5 根竹竿后，为了让自己稳稳落地，他采用了双腿下蹲的稳定技巧。他们组的其他两个孩子，也学着他的样子跳过了 5 根竹竿。

老师的预设与孩子的表现

我们认为，老师的预设是促进孩子长远发展的基本保障，也是促进孩子当前发展的重要条件。所以，在进行开放性的体育游戏时，预设也很重要。但是，在这个案例中，我们发现孩子的表现和老师的预设出现了明显的差异，原因是什么呢？

1. 从孩子的行为推测差异产生的原因

增加游戏时的竹竿数量，对孩子来说既新鲜又有挑战，所以他们出现了各种与老师预设不同的表现。有一部分孩子对新游戏的"新鲜感"大大超越了"挑战欲"；有一部分孩子有挑战意识，可是由于运动能力不足或者心理上的紧张，没有挑战成功，反而在其他玩法上获得了成功的体验，因此，他们更愿意尝试自己能够完成的玩法；还有一部分孩子，他们有强烈的挑战欲望和较强的运动能力，所以更喜欢挑战，甚至渴望挑战。

2. 尊重孩子当下的兴趣

中班孩子有积极运用感官去探索、了解新鲜事物的动机和能力。显然，6根竹竿撒出的特殊造型再一次激起了孩子的探究欲。所以才出现了本案例中"反复撒竹竿就为了看到更多造型"的情况。

3. 看到孩子的年龄特点

皮亚杰的认知发展理论中提出，4-5岁（中班）是幼儿象征游戏的高峰期。我们经常发现，在体育游戏时，孩子们会将运动器械想象成其他眼前并不存在的东西，使之成为他们想象游戏的道具。倒在地上的竹竿交叠出了特殊造型，孩子们通过想象将自己也置身到了这个特殊情景中，此刻他们跳的不是竹竿，而是"房子""迷宫"……这很符合孩子的年龄特点。

4. 与预设进行对照，挖掘更多孩子的个性和创意

在这个案例中，也有孩子做出了与老师预期相符的行为：先观察竹竿交叠后形成的造型，然后再根

据竹竿的造型特点，进行跳远挑战。但是，更多的孩子是在用自己的方式与运动器械进行互动。

就因为与老师的预设不同，难道我们就要否定孩子的表现吗？每个幼儿的发展水平和个性特点都不同，而正是这种不同，才让集体活动时的互动变得更有趣和富有层次。因此，预设的存在是提供给老师一个支点，通过这个支点可以帮助老师分析差异、看到兴趣、觉察特点、深挖个性和创意。

园长的话

共享资源库，为"预设"提供方案，
为"生成"做好铺垫

教学中仅有"预设"是不够的，也许"生成"更重要。从这个案例可以看出，"预设"无法涵盖所有孩子的全面表现，所以，我们在教学中既讲"预设"又讲"生成"。教师在活动后的反思中，以"预设"为依据，对孩子的兴趣、行为表现、个体差异等因素进行分析，这是真正明白了"预设"的价值，也帮助教师认识到当自己在教育现场面临各种预期之外的不确定与变化时，要坦然接受与面对，要尊重孩子，要勇敢地接受孩子带来的挑战。

我们园的体育活动类型丰富多样，正是这些多样化的活动给到了孩子更充分的运动体验。不仅发展了他们的运动能力，提高了他们的身体素质，还增强了他们的集体荣誉感。同时，多种类型的活动以及多年积累的活动案例也为教师（尤其是新教师）的合理预设提供了可靠的依据。

10

案例

分析偶然——闯过"梁龙"阵

采样来源 /

大班

供稿者 /

施娴

背景介绍

—

由于在运动中持续投放海绵棒，孩子们渐渐对这个材料失去了兴趣。突然有一天，因为一个孩子的突发奇想，改变了材料的使用方式和区域环境，运动场上再次热闹起来。

观察日期

11 月

观察场地

空旷的运动场地

活动类型

区域运动

观察目的

已经失去吸引力的游戏材料，为何再次引发了孩子们的游戏热情？

若干海绵棒及连接器，可以组合出不同的造型

案例过程

1. 孩子们用海绵棒和连接器组合复杂的路线

2. 出现了越来越多变的闯关路线

从"梁龙"到闯关

场地上投放了若干海绵棒和连接器，孩子们可以自主地选择海绵棒创设他们喜欢的运动环境。今天，他们造出了一条需要跨跳、钻爬的长路。

突然，琪琪说："我是一头梁龙，看我的长尾巴摇得快吗？"他手拿着一根长长的海绵棒挥舞着。刚说完，言言从旁边一头冲过来，正撞在这条"尾巴"上。琪琪又接着说："瞧！我的尾巴厉害不？你过去的时候可以不要撞到我的尾巴吗？"言言听后快速回到

3. 女孩们也喜欢
闯关游戏

起点，继续尝试"撞"尾巴，第二次、第三次、第四次……乐此不疲。

　　两个孩子的欢笑声吸引了更多男生都来参与这个游戏。有的孩子拿着海绵棒甩起来制造障碍，有的孩子则跑进"尾巴群"中躲闪闯关。

　　活动时间后，孩子们一起分享了这个"梁龙尾巴"的闯关游戏。其他没有玩的孩子们纷纷表示下一次也要去闯一闯。

　　果然，之后玩这个游戏的孩子越来越多，除男孩子，女孩子们也纷纷前来"闯关"，他们都觉得既好玩又刺激。随着时间的推移，闯关的线路和路上的障碍也越发丰富和复杂。

教师观察手记

偶然，可遇不可求

海绵棒本是一种低结构材料，可以自由拼接组合，使用起来安全系数又高，对孩子而言是一种很好的游戏材料。它渐渐受冷落是因为没有新玩法出现，导致孩子兴趣缺失，也说明旧玩法承载的运动能力和水平已经得到了充分的满足和发展。

突然某一天，琪琪的一次偶然行为重新燃起了孩子们玩海绵棒的兴趣，可能是因为"恐龙"是男孩子们特别感兴趣的话题，把它和闯关结合在一起，对孩子们来说很有新鲜感。在活动后的分享交流环节，很多孩子表示下次要体验下"梁龙闯关"的玩法。这个玩法虽然是孩子生成的，但是我发现并对此作出了积极的回应，鼓励孩子们大胆分享交流这个"金点子"。就像《渴望学习：教育我们的儿童》一书中所言——"儿童需要机会来主动发起活动并追随自己的兴趣，但是在这些儿童发起并主导的活动中，老师不是消极被动的。"

根据维果茨基的观点，儿童在游戏中往往不满足于已经达到的行为水平，他们总是略高于日常的水平来尝试新的游戏行为，小步递进式地自我发展。案例中的孩子们出现了"尝试性行为"——自发增添游戏情节以丰富玩法，自我创造"最近发展区"。他们主动发起"梁龙闯关"游戏的提议给"乏味"的玩法注入了新鲜血液。这样的偶然是个再次燃起运动热情的契机。梁龙"尾巴"的摇摆给这条孩子们早已熟悉的路增加了新鲜的刺激。大班孩子的年龄特点决定了他们酷爱略带刺激性的闯关游戏，好冒险、好挑战。

在老师没有介入的情况下，孩子们主动发起活动，想办法吸引同伴和自己一起玩。游戏过程中，他们会分工合作，分配游戏中的角色和任务。有的孩子是负责"制造障碍"的"梁龙"，有的是"闯关"者。在整个活动中，我把自主的空间还给了孩子们，同时相信他们是有主动学习能力的个体，孩子们的表现也给予了我正向的反馈。

"

园长的话

开展现场教研，聚焦真实问题与困惑

在这个案例中，我们看到在自由开放的环境下，孩子们自行设计了闯关游戏，玩得不亦乐乎。教师顺应了孩子的偶然，顺势而为，通过充分放手，激发出了他们更多的创造欲。这个行为反映出教师尊重孩子、相信孩子的正确教育理念，同时也反映出教师在教育现场的智慧。

我们园的"强体育心"课程强调以幼儿为主体，注重对每个孩子自生长力的培养，这种生长是有连续性和序列性的。在各种专题研讨中，我们以大小教研的组织形式，聚焦教育现场的"真问题"，解决教师的"真困惑"，帮助教师建立起正确的理念和专业的教育判断。在这种背景下，孩子的一个偶然变化才能成为一次教育契机，在教师的引导下产生更大的效用。

"

导　语

　　"让孩子自由"在行为上容易实现，在观念上对教师而言仍旧是一项挑战，他们往往会担心给孩子的自由"过了火"，继而引发对安全和目标达成的顾虑。

　　其实，对教师而言，对孩子的观察、分析和支持是一个连贯、融合、逐步发展的系统，观察和分析为最终的支持服务。有了全面的观察和细致的分析，具有针对性的个性化支持策略就有了扎实的依据和根基。而在这个过程中，不仅满足了孩子对自由的渴望和需求，也通过良性的师幼互动、幼幼互动让孩子逐步发展出更体现自我意识的自主性与更具自我约束、自我要求的自律性。

教师会支持，孩子能自律

03 单元

案例索引

基于儿童

身心兼顾

适时适度

持续推进

支持原则

运动中的支持

分对象
- 运动能力强、喜欢挑战的孩子 —— 案例 12：支持合作 / 222
- 运动能力弱、动作不协调的孩子
  - 案例 8：支持陪伴 / 192
  - 案例 10：支持环境 / 206
- 胆量较小、容易退缩的孩子 —— 案例 9：支持挑战 / 200
- 规则意识、合作意识弱的孩子 —— 案例 3：支持规则 / 156

选方法
- 看准时机
  - 案例 1：分析材料 / 142
  - 案例 4：支持示范 / 164
  - 案例 5：支持偶然 / 172
  - 案例 7：支持兴趣 / 186
- 学会放手 —— 案例 11：支持探索 / 214
- 追求实效 —— 案例 6：支持调整 / 178

1

案例

支持材料——玩转夹球跳

采样来源 /

小班

供稿者 /

杨晓蕾

背景介绍

老师看到孩子们非常喜欢玩夹球跳游戏且积累了一定经验后，在一旁添置了辅助器械，供他们运动时自由选择。

观察日期

10 月

观察场地

空旷的运动场地

活动类型

区域活动

观察目的

添置了辅助器械后，小班孩子在进行夹球跳游戏时，会如何选择？会如何玩？

投放辅助器械，如圈、短竹竿、障碍筒等，孩子可以自由选择使用

提供数量充足的弹性球，满足孩子人手一个

空旷、平整的游戏场地，以保证运动安全

案例过程

2. 有的孩子夹球连续
跳过多个圈

4. 有的孩子夹球
直接跳过两根间
隔摆放的竹竿

1. 有的孩子夹球绕
着障碍物跳

3. 有的孩子夹球直接
跳过障碍物

提出要求

"今天老师带来了障碍筒、短竹竿和圈，请你从中选一样你喜欢的，然后用它一起来玩"夹球跳"的游戏，好吗？"

7. 有的孩子夹球连续跳过间
隔摆放的竹竿

6. 有的孩子夹着
圈和球一起跳

5. 有的孩子夹球跳过多根
并列摆放的竹竿

夹球跳
＋
障碍筒

我的话音刚落，小乔就拿起一个障碍筒放在了空旷的场地上，然后将球夹在自己的两腿中间，纵身一跃，一下子从障碍筒的上方跳了过去。"这么高的障碍筒你都能跳过去，真是太厉害了！"我对她说。

过了一会儿，我看到小乔双脚夹着球，在障碍筒一侧的空地上跳过来又跳过去，"小乔，你要和障碍筒一起玩哦。"我提醒道。小乔听后立即调整了运动路线，一边夹着球，一边围着障碍筒绕圈跳起来。

夹球跳 + 圈

骆骆拿来一个圈放在地上，接着站到圈外，双脚夹起球后跳到了圈内，待站稳之后他又夹着球从圈里向外跳出，然后带着球转了个身，又继续跳进了圈内。诺诺看见了，也玩起了同样的夹球跳圈的游戏。"诺诺，这个玩法你已经玩过了，还有别的不同玩法吗？"我问她。诺诺想了会儿，双脚夹起球纵身一跃，一下子从圈的上方掠过。"哇！真厉害！"我大叫起来。骆骆听到我的赞扬声后连忙拿来5个圈，将它们连续摆放在一起，玩起了夹球连续跳圈。"哇！你能用这么多圈来玩游戏啦！好棒呀！"我对骆骆的玩法表示了赞赏。转头看到旁边的诺诺把很多个圈杂乱无章地摆放在一起，然后根据圈的分布线路，转变着方向夹球跳着移动。

龙龙也加入到他们的队伍中，他把两个圈间隔摆放在地上，先站到一个圈内，夹住球纵身一跃跳进了第二个圈内，然后夹着球在圈内转了个身，调整好方向后再次发力，又跳回了第一个圈内。"我玩的是'跳小水塘'。这两个圈是两块石头，中间是小河，谁跳到了小河里，谁就输了。"又一个创新玩法诞生了。

夹球跳 + 短竹竿

几个男孩一人拿着一根短竹竿在手里玩了起来，我转头看到这个危险动作，立即上前制止，告诉他们把竹竿横拿在手里容易伤到别人。悠悠想了一会儿，把竹竿放到了地上，玩起了夹球跳竹竿的游戏。跳跳见后，也有样学样地把竹竿放倒在地上，然后又加了一根，再尝试着双腿夹球一下跳过两根平行摆放的竹竿。艾瑞克也来了，他把所有的竹竿都平铺在了一起，双腿夹好球，一个飞身直接从竹竿堆上跳了过去。再看看女孩子们呢，她们将竹竿一根根间隔一段距离排列好，玩起了双腿夹球连续跳竹竿的游戏……

教师的分析与调整

支持材料的可变性

最近孩子们爱上了"夹球跳"这个游戏，但若一味地让他们重复这个动作，没过多久兴趣自然就会消失。等大部分孩子熟练掌握了"夹球跳"这个运动技能后，我做了一次大胆尝试——在场边添加了一些辅助器械，孩子可以自由拿取，同时又对他们提出了将辅助器械与"夹球跳"玩法进行组合的要求，看他们会玩出什么新花样来。

孩子在用事实证明了他们天生就是玩家，能变换出新花样，也让我叹为观止。

1. 添加辅助器械，变单一为多样

以往我们玩"夹球跳"的时候，孩子们只是在操场上带着弹性球不断地跳过来跳过去。添加辅助器械后，原本单一的游戏玩法被赋予了更多新鲜元素。虽然还是同一个动作技能，但孩子们可以利用辅助器械不断变换游戏场景，开发出更多不同的玩法，如绕着障碍夹球跳、夹球跳竹竿、夹球跳圈等，让运动行为变得更有趣和多样。

2. 组合造型，游戏情境千变万化

本案例中，虽然只提供了三种辅助器械，但在孩子们自由创设运动环境时，老师并没有对辅助器械的数量以及组合的方式做出任何限定，只要他们把这些辅助器械融入到"夹球跳"的游戏中即可。所以辅助器械的组合方式出现了更多变化，如两个圈组合、连接摆放多个圈、不规则间隔摆放多个圈、间隔排列多根短竹竿、并排摆放多根短竹竿等。简单器械组合出了丰富的变化环境，也对"夹球跳"这个动作提出了更高的挑战。

3. 适量投放，让探究更聚焦

本案例中，每次活动我只投放 2—3 种辅助器械。因为通过实践，我们发现如果投放的辅助器械种类过多，会给孩子带来太多的新鲜以及干扰，孩子对新器械的探究和使用容易如"蜻蜓点水"般浮于表面。如果一个孩子会玩很多种运动器械，这是一种能力。但是，如果一个孩子会将一种运动器械玩出不同花样来，这同样也是能力。这与我们园所一直推崇的"简单、充分、快乐、智慧"的运动理念也相符。

孩子们在创设运动场景的过程中，会借鉴同伴的想法及老师的旁敲侧击，以此来丰富自己的经验，用"有限"的运动材料变化出无限有趣且具挑战的运动场景。哪怕是同样的游戏场景，他们也会玩出不同的玩法来。例如，把两个圈间隔一定距离放在地上，孩子们玩出了 3 种不同的玩法（如下图所示），他们从中体会到了变化的乐趣，主动学习的品质也被大大地激发了出来。

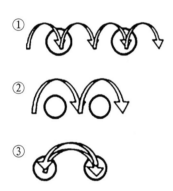

园长的话

让变化成为关键词，给足教师成长空间

本案例中的教师在提供辅助器械时，既关注了种类和数量的适宜性，也考虑到所选器械是否简单多变、易于组合的可玩性。提供适宜、适量的辅助器械是这位教师在这个活动中最出彩的一笔。

总结教师的支持策略如下：

- 材料支持，维持兴趣

- 不设限制，巧妙组合

- 简单深入，推陈出新

这位教师之所以有这样的意识和方法，得益于我们园日常对运动器械的专题研究以及在落实课程的过程中始终强调"变化"的意识。当教师观察和分析时，要给予他们一定的"扶梯"，而教师对孩子的支持方法则可以是灵活的、创新的，作为园长和富有经验的老教师不会把自己的思想和做法强加于青年教师们，也给了这些教师充分自由的专业成长空间。

案例

支持差异——挑战"踩高乐"

采样来源 /
_____

大班

供稿者 /
_____

袁斐

背景介绍

——

大班的户外游戏中增加了"踩高乐"这一新器械，孩子可以根据兴趣和需要随意取用。

观察日期

9 月—11 月

观察场地

空旷的运动场地

活动类型

体育游戏

观察目的

在探索让踩高乐顺利前行的过程中，孩子们会出现哪些不同的行为表现？会遇到哪些挑战？

// 孩子站在"踩高乐"上，双脚用力踩踏脚踏板以实现前行或后退移动

// "踩高乐"只能直行，如果想要改变方向，需要人力搬动转向

// 建议在平坦且具有一定摩擦力的路面上使用

案例过程

1. 孩子失去平衡摔下器械，

2. 因为害怕摔跤，孩子选择放弃

　　"踩高乐"是孩子们最爱玩的运动器械之一。当他们还在小、中班的时候，就向往着自己有朝一日也能像大班哥哥姐姐那样轻松驾驭"踩高乐"，玩出各种帅气的模样。可当他们真正踏上"踩高乐"的那一刻，才发现这不是一件容易的事……

　　投放"踩高乐"器械一个月后，我们发现个别孩子不能坚持游戏，尝试几次没有成功后就果断放弃了；有些孩子能够稳稳地站上"踩高乐"，但无法顺利前进，很容易失去平衡从上面摔下来；而有些孩子则能够连续踩踏前进 1-3 米，有的甚至能移动 3 米以上距离。

　　通过观察，梳理出孩子玩"踩高乐"的

水平有以下五种：

　　水平一：无法踩动"踩高乐"，果断放弃（5个孩子）；

　　水平二：能站上"踩高乐"，无法踩踏，会失去平衡从上面摔下（10 个孩子）；

　　水平三：能连续踩踏"踩高乐"前进 1-3 米（8 个孩子）；

　　水平四：能平稳快速地前进（6 个孩子）；

　　水平五：能快速踩踏前进 3 米以上距离（3个孩子）。

3. 孩子掌握了"踩高乐"的基本玩法，能够快速地踩踏前进 3 米以上距离

教师的分析与调整

针对差异，提供适宜的个性支持

我们发现，在同样的器材、同样的年龄、同样的游戏时间条件下，孩子们表现出的游戏水平存在个体差异，尤其在一些较高难度的运动项目中，这种差异的表现会更为明显。

再仔细分析每个个体所具体遇到的困难，我们看到了不同因素的影响。例如：

表现为放弃的孩子一般性格比较敏感，容易退缩，这是心理因素的问题；"踩高乐"不容易被踩动的原因则比较多元，有的是因为孩子踩踏的位置不对，太靠前或太靠后了，无法让"踩高乐"的轮子顺利转起来，有的是因为没有掌握双脚间转移重心的技能要点，导致动作不协调，还有个别个头高的孩子一站上"踩高乐"就会不自觉地双腿发抖，有点"恐高"。

总结来说，导致孩子不同运动水平的因素包括重心不稳、身体不协调、肌耐力不够、害怕摔跤、容易放弃等在内的动作技能、运动能力以及心理品质三方面的问题。

那要如何帮助孩子解决这些困难呢？

1. 针对从跃跃欲试到望而止步的孩子

我在后续的游戏中提供了头盔、护膝、护腕等保护用品供他们取用，以此来增强他们的安全感，让他们有勇气继续挑战。我还特意为他们提供了带有扶手的"踩高乐"来降低运动难度，以便他们获得更多的成功体验，从而有信心向更高的难度发起挑战。日本早稻田大学的前桥民教授曾指出"在运动中，运动员的视线对身体平衡起到了至关重要的作用。"所以，在孩子们练习和挑战的过程中，我也向他们提出眼睛正视前方的动作要求，便于他们找到身体平衡的支点。

2. 针对不同运动发展水平的孩子

为了帮助孩子们解决运动中的困惑，我让他们相互交流和示范，通过幼幼互动来实现成功经验的共享。我还和他们一起分解难度、设立小目标，帮助他们建立自信，逐个攻破难关。面对需要陪伴的孩子，我会事先给他们"一双手"，让他们在帮助下获得成功体验，再逐步将我的"一双手"变成"一只手"，再从"一只手"变成"一根手指"，直到最后只给建议不"出手"，一步步增强他们独立面对挑战的勇气。

3. 针对已熟练掌握"踩高乐"玩法的孩子

对于这些孩子而言，想要让他们继续维持游戏兴趣，最好的方法就是——提高难度。例如，我会鼓励他们尝试两人或者多人合作踩着"踩高乐"同时前进，有了新的挑战，他们又会兴趣盎然地投入到游戏中，而不会无所事事或成为其他孩子的干扰。

"

园长的话

大小教研、日常督导，为教师专业发展提供助力

在案例中的教师通过"观察－分析－支持"，为不同运动水平的孩子提供了阶梯和"保障"，帮助他们克服困难，突破自我。我们鼓励教师在基于观察和分析的基础上提出相应的支持策略，并随时调整，杜绝无目的、无依据的"想当然"。

总结教师的支持策略如下：
- 增加保护
- 降低难度
- 科学指导
- 分享经验
- 立小目标
- 借力递减
- 增加难度

从园所管理来讲，稳定而有效的教研机制是提升教师观察和分析能力的最主要途径。除了日常的大小教研，业务管理团队还会通过常态化的教学评估、现场指导和互动反馈，来对教师们在运动场上表现出的支持策略进行评价和指导，以日常性的巡视监督管理机制为教师提供专业上的扶持。

"

案例

支持规则——横冲直撞的嘟嘟变了

采样来源 /
_____
中班

供稿者 /
_____
袁斐

背景介绍

玩"穿越火线"游戏时，需要控制身体不
碰线。嘟嘟的运动能力很强，但规则意识
比较薄弱，这个游戏对他来说是一个不小
的挑战。

观察日期

10 月

观察场地

室内宽阔的运动场地

活动类型

体育集体教学活动

观察目的

在"穿越火线"游戏
中，嘟嘟是否能遵守
游戏规则?

在绳子两端绑上 S 钩，以便
在挂绳的两组物体间变换出
高低不同的"火线"

在两组物体间固定若干长绳，绳与绳相互
错落交织，组成"火线"

案例过程

1. 出了"车祸"的"小汽车"嘟嘟要去"修理厂维修"，暂时不能参与游戏

2. 做"裁判"的嘟嘟，可认真了

不能碰的"火线"

孩子们看到舞蹈房里拉起了很多根绳子，好奇起来："这些是用来干什么的？"我说："这是'火线'！火线，火线，说明这些线会很烫。""那我不能碰火线！""我也不能碰！"孩子们马上理解了"火线"的意思，带着这份好奇，游戏开始了……

3. 嘟嘟尽力不碰到每一根
"火线"！

乱开车的嘟嘟

游戏开始前有个简单的热身活动，孩子们扮演"小司机"在舞蹈房里任意"开车"（自由跑动）。嘟嘟飞快地奔跑着，接连撞到了好几个孩子。确认摔倒的孩子没有受伤后，我说："嘟嘟这辆车发生车祸了，请去修理厂，修好了再回来。"于是，嘟嘟走到旁边的"修理厂"，做了5个修理动作（下蹲起立）。我问他："现在你能像其他小司机一样，稳稳地开车，不碰撞其他车吗？"嘟嘟回答："能。"于是，他又开着"小汽车"出发了。这次他果然减慢了速度，遇到一不留神快要和其他孩子碰撞的情形，也能马上停下来，尽量避免发生接触。我对他竖起了大拇指说："嘟嘟学会开车了，真棒！"

看得格外认真仔细，有时还会为同伴碰到"火线"而遗憾。

嘟嘟当裁判

"穿越火线"的游戏开始了，我向孩子们提出要求："试试看，谁能穿过线，又不碰到线呢？"嘟嘟的手举得高高的，连声说："我能，我能！"可是，真让他去"穿越"了，他又总是兴奋不已，无论是走、跑、跨、跳、爬，都一味地追求移动的速度，对"不能碰线"这个规则熟视无睹。

我说："现在我们需要一个裁判，这个裁判必须眼睛亮，能找出碰了线的小朋友。"嘟嘟又大声喊："我来！我来！""好，那就嘟嘟当裁判。"我回应道。游戏重新开始了，孩子们都小心翼翼地用各种身体动作穿越"火线"。嘟嘟呢，他瞪着大眼睛，半蹲在"火线"一侧，每当看到某个小朋友快要碰到线了，会大声喊："小心脚、当心屁股……"嘟嘟

成功穿越

新一轮游戏开始了，这一次嘟嘟要和其他孩子一起穿越"火线"，这一次他变得谨慎很多，先定一定神，然后尝试用自己最有把握的动作过线，同时持续留意着"火线"的位置变化……最终，嘟嘟成功"穿越"了所有"火线"！周围的小伙伴们掌声阵阵，高喊着："嘟嘟最棒！"我问大家："你们觉得今天嘟嘟有变化吗？"孩子们纷纷感叹："有！一开始他老是撞我，还把我撞倒了，现在他不撞我了。""他一根火线都没碰到。""他眼睛最亮……"嘟嘟咧开嘴，笑起来。

教师的分析与调整

为孩子建立规则意识

有些孩子在运动中会表现出非常高涨的情绪，经常出现一些缺乏自控力的行为，导致安全隐患。嘟嘟就是这样一个孩子，他控制和调节自己情绪的能力较弱，容易兴奋，缺乏一定的规则意识。

《3-6 岁儿童学习与发展指南》中提出应该"经常和幼儿玩带有规则的游戏，遵守共同约定的游戏规则"。想要提高孩子的规则意识，老师就要充分了解孩子的个性特点和心理需求，运用多种方式进行合理引导、反复实践，帮助孩子不断内化意识，继而形成自觉的行为习惯。

在本案例中，我对嘟嘟的支持分为以下几步：

1. 利用情境规则，调整孩子情绪

孩子受生理发展所限，有时候情绪先于意识，兴致一到便不管不顾。嘟嘟就是这种孩子，我并没有负面性地批评他，而是中止他的游戏状态，先将他从兴奋的游戏情绪中拉回来，然后结合法国教育家卢梭提出的"自然后果法"教育方式，用"小汽车碰撞后需要修理"这一自然情境，让嘟嘟理解"不能相互碰撞"这个符合生活逻辑的规则，帮助他将行为与结果联系起来。

2. 增加游戏角色，强化游戏规则

在嘟嘟无视"不能碰线"的规则时，我增加了"小裁判"这个角色，让嘟嘟可以以游戏者之外的身份静下心来仔细观察同伴，帮他人"纠错"，继续强化对"不能碰线"这个规则的认识和理解，同时也让他从别人的行为上积累如何"不碰线"的应对方法。

3. 引发同伴赞许，肯定行为变化

在《3-6岁儿童学习与发展指南解读》一书中提到"只有孩子因好行为而感到自我满足时，才会真正形成自律。"所以，在活动结束环节，我又特意组织孩子一起对嘟嘟今天的表现及变化进行评价，得到同伴们一致认可和赞许的嘟嘟显得格外高兴和自豪。我希望这种积极的情绪体验会对嘟嘟今后的游戏行为产生一定影响，使他逐步从他律走向自律。

园长的话

强调"相信儿童"，关注"如何管"的智慧

运动规则意识的培养对幼儿的社会性发展有着重要的作用。当孩子在活动中出现不遵守规则的行为时，教师是"管"还是"不管"，要如何"管"，这考验着教师的专业能力。在本案例中，教师先是及时将孩子从兴奋状态拉出来，然后利用"情境游戏""角色扮演"等方法，强化孩子对规则认识和理解，也让他慢慢尝到遵守规则的"甜头"，并因此在集体中得到肯定与赞赏，最终促使其将遵守规则内化为自己的意识与要求。

总结教师的支持策略如下：
- 情境支持
- 角色体验
- 及时肯定

儿童规则意识的建立，并不是简单的"我说你听"，孩子不遵守规则也不能粗暴地归因于调皮捣蛋的品质问题。我们园倡导给予孩子一定的时间和空间，让他们参与制定、协商规则的过程，并体验不遵守规则的后果，在这个逐步理解规则的过程中变得更加自律。

案例

支持示范——跨栏小高手

采样来源 /

中班

供稿者 /

施娴

背景介绍

—

区域运动时，孩子们喜欢把泡沫垫拼成各种略有坡度的"山坡"，然后从上面跨越过去。

观察日期

11 月

观察场地

大操场

活动类型

区域运动

观察目的

孩子助跑跨跳过泡沫垫时，导致泡沫垫倒塌的原因是什么?

足量的泡沫垫，可以组合拼接成"山坡"

案例过程

1. 快速奔跑

2. 用力蹬地

用垫子
造山坡

区域运动开始了，有的孩子把两块泡沫垫拼在一起形成一个小土坡；有的孩子把三块泡沫垫组合在一起竖着放，形成一个小山峰，玩"越过山丘"的游戏。看到这个情形，我把这些孩子都召集在一起。

4. 跳得高

3. 跨得远

看我怎么做

　　"你们都在玩'跨越山丘'这个游戏，施老师先跨一个给你们看看。一定要看好我是怎么跨过去的！"孩子们各个瞪大了眼睛，看我进行演示。

　　我快速起跑——腾空跨越——缓冲落地，

周围响起孩子们热烈的掌声，"谢谢！谁看到我刚才是怎么成功跨过去的？"我问。"刚刚我看到施老师越过山坡的时候跳得很高很高。"一一说。"你看得真仔细，越过山坡的时候不仅要跨，还要干什么？"我继续问。"还要跳起来。""而且要跳得高。"孩子们争先恐后地说。"为什么要跳得高？"我再问。"跳得高就不会碰到下面的小山坡了。"孩子回答。"没错！还有吗？"我又提问。"先要快速地跑起来，到泡沫垫前面用力蹬地。"有孩子回答道。"你们观察得非常仔细，那自己也去试一试吧！"

[分析
青青的动作]

孩子们开始分头尝试起来。5 分钟后，我再次把孩子们召集在一起，说："我们现在看看青青怎么跨越小山丘。"看着青青跳完后，有孩子连忙说："老师，我发现青青一开始跑得有点慢，所以到小山丘的时候来不及跳起来，脚会碰到山丘。""你观察得很仔细，将青青遇到的困难都发现了。青青，你愿意再去试试吗？"我问青青，青青点了点头。

孩子们又开始分头尝试起来，有的孩子开始尝试加快起跑速度，有的孩子拉长了起跑的距离，有的孩子仍旧会在跳跃时踢翻泡沫垫，我在一旁建议他起跳时用力蹬地，起跳要高。

[一起来总结]

游戏结束后，我把大家召集起来，说："今天我将成功过山丘的小朋友都拍了下来，我们一起来看看他们是怎么成功的，怎么样？"孩子们都点点头。"请你们注意看，看看谁的起跑速度特别快？看看谁跳得特别高？看看谁的步子跨得特别大？"播放视频前，我向孩子们提出了要求。孩子们认真地观看了我在他们游戏时拍摄的视频，大家一起给成功过山丘的孩子送去了热烈掌声，纷纷表示明天还要继续去尝试。

教师的分析与调整

做一个有准备的老师

我认为，不是任何事情都需要孩子们从自主探索中产生，在运动过程中，老师可以给予孩子一个正确动作的示范。本案例中，孩子们在游戏时自发出现了"助跑跨跳"这个动作，但是动作普遍不规范，一方面影响动作完成度，另一方面也带来安全隐患。所以让他们了解"助跑跨跳"的分解动作显得尤为重要。当然，光让孩子看老师的示范是远远不够的，看完还要去亲自实践，在尝试的过程中发现自己动作的问题，然后由老师放大问题、聚焦问题，对部分孩子进行更有针对性的个别指导。

1. 老师示范——注重科学、凸显规范、直观感受

《有准备的教师——为幼儿学习选择最佳策略》一书中提出"老师为儿童示范动作，以展示如何通过身体实现目标动作。" 示范的目的不是为了让孩子精确地模仿，而是帮助他们获得动作概念，然后自己练习。老师需要注意孩子的常见动作错误，因为动作技能的错误或滞后是不会自动消失的，所以老师的干预非常重要。

在这个案例中，在我正确示范后，孩子们开始用正确的助跑跨跳动作进行练习，强化了助跑跨跳的动作概念。我没有放手让孩子们无目的地盲目探索，我认为孩子运动中的目标动作需要有科学、规范的正确指导。

2. 错误演示——聚焦问题、发现问题、解决问题

观看动作示范只是认知层面的，最终熟练掌握动作需要孩子不断在体验和实践过程中进行完善。当然，因视线所限，他们在做动作的时候未必能发现自己动作上的问题，因此通过集体观看错误动作演示可以再次帮助孩子进行纠正，经由同伴的提醒来解决自身的问题。这既可以帮助孩子改善错误动作，又可以强化其对正确动作的认知。

3. 明星力量——视觉震撼、坚持不懈、点燃激情

每个成功跳过山丘的孩子都希望能被看见，通过活动后的视频分享可以再现孩子们的运动现场，将稍纵即逝的场面保留下来，通过回顾来肯定孩子们的运动成就以及他们身上坚持不懈的品质。

园长的话

把热情与专业传递给教师和孩子

　　放手让孩子自己去尝试，是一种好的推进方法，但教师的示范和榜样同样也能感染孩子，激发他们参与活动的热情。在本案例中，当孩子面对一个全新的运动技能——助跑跨跳时，教师科学、正确的示范必不可少。通过观察和模仿教师的示范动作，孩子可以感知并了解动作的大致要领，再通过亲自尝试去获得相关经验，从而更迅速、有效地习得这个动作技能。

　　我们能给孩子提供怎样的示范，取决于教师对这个动作技能本身的认识，如果不具备这些知识，请一定不要做相关的示范。所以，我们提倡有条件的幼儿园必须要对教师进行幼儿体育运动相关的专业化培训，提高他们关于幼儿运动教育的理论和实践的能力。

案例

5

支持偶然——花样滑冰

采样来源 /

中班

供稿者 /

白英

背景介绍

—

区域运动时，老师投放了许多泡沫垫。孩子们喜欢把泡沫垫拼成各种略有坡度的"山坡"，然后从上面跨越过去。

观察日期

10 月

观察场地

室内宽阔场地

活动类型

体育游戏

观察目的

与小班孩子玩泡沫垫相比，中班孩子会出现哪些新玩法?

// 地面较为光滑、空间较为宽敞的场地

// 足量提供小型泡沫垫和中型泡沫垫，孩子可以将其任意组合

案例过程

1. 有的孩子一只脚踩在泡沫垫上，另一只脚踩在地面上用力后蹬，泡沫垫会向前滑动，像"滑冰"一样

2. 有的孩子双脚都踩在泡沫垫上玩"滑冰"

[提出要求]　[用垫子滑冰]

"今天我们继续玩泡沫垫，等会儿找个空的地方，想想还有什么办法能让泡沫垫在地上动起来呢？"我向孩子们提出要求。

我在场地上四处观察，时不时肯定着孩子们的各种玩法，同时也鼓励他们："还有不同的新玩法吗？"这时，扬扬正好一只脚踩在泡沫垫上，用脚拖动了一下，他刚要捡起泡沫垫的时候，我惊喜地对他说："哇，你的脚可以拖动泡沫垫滑行，这么神奇，再

4. 有的孩子在地上铺上几块泡沫垫，玩起"跳冰块"的游戏

垫子转起来了

3. 有的孩子站在泡沫垫上使劲扭动着身体，他说这是"花样滑冰"

试试看，能不能拖得远一点？"扬扬听罢又尝试了一次，果然，泡沫垫又被拖动了一段距离。旁边的孩子看见了也争相模仿起来。"滑起来了！""滑起来了！"孩子们叫起来。"我也来滑冰，我们都是滑冰运动员啊。"我边说边和孩子们一同玩了起来。

"还有谁会其他的滑冰方法吗？"我问道。"我会！"彤彤立刻拿来两块泡沫垫，分别放在自己的两只脚下，开始在地板上滑了起来。"哇！两只脚能同时滑冰呀！真是太厉害了！"我大声赞扬。孩子们见状也纷纷模仿起来。

10 分钟后，扬扬又做起了双脚转泡沫垫然后快速跳起落下的动作，一次、两次、三次……不断重复着，乐此不疲。当他再一次跳起后，泡沫垫突然在地上自己转起来了。"耶！"看到这个情况，扬扬情不自禁地欢呼起来。"好神奇啊，泡沫垫怎么会自己转的呢？"我问他。"我看到滑冰运动员有时会跳起来转动身体，我就学他们转身跳，没想到泡沫垫也跟着转起来了。"扬扬得意地对我说。"原来你在练花样滑冰，真厉害！"我向他竖起了大拇指。

"我也来试试。""我也来试试。"孩子们看到出现了好玩的新玩法，都争先恐后地尝试起来。"用泡沫垫滑冰的方法可不止这些，谁还能想出更多不同的玩法吗？"我再一次向孩子们提出了新要求，期待着他们能有更多的新发现……

教师的分析与调整

捕捉偶然，顺势引导孩子探索和挑战

在这个案例中，孩子随意的一个动作——用脚拖着泡沫垫滑动，引起了我的注意，于是我立刻抓住这个偶然的教育契机，将它变为孩子们共同研究的一个新运动技能——垫上滑行。我也以玩伴的身份参与其中，利用"滑冰"这个有趣的游戏情境，和孩子们一起开展了更深入的探究和尝试。

我对孩子的支持分为以下几步：

1. 看见偶然，引发孩子的密切关注

今天的活动中，当孩子没有出现更多新玩法时，我并没有介入，而是耐心地观察与等待，以"还有不同的新玩法吗？"开放式问题来激发孩子，同时也给他们充分的时间去探索。在这个期间，我集中注意，非常仔细地观察着孩子的活动情况，密切注视着他们的行为和情绪。当我看到扬扬无意中一只脚踩着泡沫垫拖动着移动了一下后，即刻捕捉到这正是锻炼孩子腿部力量、引导他们深入探索的好契机。我很快对孩子的行为做出了语言和表情上的反应，使他们意识到这也是一种玩法，而且这个运动方式很像滑冰运动。这个新动作也立刻引起了其他孩子的关注和模仿。

2. 抓住偶然，激发孩子的探索欲望

当孩子用一只脚"滑冰"成功后，我又提出问题"还有谁会其他的滑冰方法吗？"激发孩子继续去探索更多的"滑冰"动作。当扬扬出现了"尝试性行为"——跳起后让泡沫垫旋转，我立刻捕捉到并问他"泡沫垫怎么会转？"通过追问来让孩子回想自己的动作，推断动作与结果之间的联系，同时也引起了其他孩子的注意和探索兴趣。

3. 利用偶然，挖掘孩子的运动智慧

《幼儿精神运动学手册》一书中指出"老师要尽量少直接引导运动游戏，而是要多按照孩子的行为冲动行事，并陪伴之。"在活动中，我始终以同行者的身份在一旁观察、陪伴。捕捉

到孩子的偶然行为时，再以询问、故作惊讶等方式鼓励孩子继续探索和反思。我还以"滑冰运动员"的身份学习孩子们的方法，和他们一起玩，让整个活动进程的主导权握在孩子手里。

园长的话

强化课程理念，变"偶然"为"必然"

在"强体育心"大课程的背景下，我们园一直强调孩子的充分体验和自主探索，主张孩子的运动能力不是教师"教"出来的，而是孩子在自我体验和锻炼中逐步形成的，教师所起到的作用仅仅是适时的"推"。

本案例中的教师捕捉到了孩子不经意间出现的一个新动作，立刻抓住了这个契机，通过提问来推动孩子们的深入探究和模仿学习。这些看似自然的提问和言语互动起到了穿针引线的支持作用，是激发孩子们想出更多玩法的"点睛之笔"。

总结教师的支持策略如下：
- 学会等待巧提问
- 细心观察抓偶然
- 间接引导多陪伴
- 赋予角色激兴趣

教育契机是稍纵即逝的，也是不可复制的，但这并不是说教师就不需要做准备，对材料的熟悉，对玩法的预先思考，对孩子的日常观察都会帮助教师更好地在现场进行发现与捕捉，提高"偶然"出现的频率。教师在事后的总结、反思与教研分享，也并不是为了让其他教师模仿与复制，而是大家一起从"偶然"中发现"必然"的规律，掌握"必然"的诀窍。

案例

支持调整——穿越"电网"

采样来源 /

大班

供稿者 /

张琳

背景介绍

孩子们在户外区域活动中积累了丰富的跳跃竹竿的经验，如单脚跳、双脚跳、跨跳等，并对此兴趣浓厚。在老师的引导下，孩子们将长短竹竿、竹梯、轮胎、障碍桶等低结构器械进行组合，搭建出了一个综合的复杂场景。

观察日期

11 月

观察场地

空旷的运动场地

活动类型

体育游戏

观察目的

孩子是否能够使用花式跳跃技巧来通过网状的竹竿路？

提供长短竹竿、障碍桶、竹梯、轮胎等多种低结构材料，孩子可以用材料进行组合搭建

用胶带或布包裹住竹竿的两端，避免孩子被划伤

宽阔的场地，柔软的地面

案例过程

1. 有的孩子双脚并拢
连续跳过竹竿

2. 有的孩子移动身
体，找到合适的落脚
点后逐一跳过竹竿

游戏规则

老师和孩子们共同摆放游戏材料，组合出"电网"，孩子分成两组，两组同时各出一人进行比赛，尝试用各种不同的跳跃方法跳过不同高低的竹竿，要求是不能碰触到"电网"。

3. 有的孩子双脚并拢
直接跳过了竹梯

孩子们的挑战

游戏开始了，第一回合同时出发的是小童和嘉逸。小童双脚并拢，5 个起跳，连续跳过了竹竿。嘉逸双脚并拢起跳，一边跳一边观察着铺在地上的竹竿，寻找合适的落脚点，他跳一下停一下，跳跃 7 次后终于通过了竹竿路。

第二回合出发的是贝贝和苗苗。贝贝刚摆出单脚跳的姿势，突然就放下了腿，她左右移动了一下身体，避开眼前有一定高度的竹竿，双脚并拢，一点一点小步往前跳。苗苗的眼睛一直在观察"电网"，选择好路线后，也使用双脚并拢逐一跳过竹竿的方式完成了游戏。

第三回合出发的是敏敏和小钱。敏敏的速度很快，他单脚跳了 3 下，眼看着跳到了"电网"中间，突然他碰倒了一根竹竿，其他孩子都叫了起来："敏敏碰到'电网'啦！"敏敏把竹竿扶正，将单脚跳的方式换成双脚并拢跳后继续挑战。小钱一开始是左右脚跨跳，当敏敏已经快到达终点的时候，他还在"电网"的中间位置，抬头看了一下敏敏后，突然发力连续起跳，"蹭蹭蹭"双脚并拢连续跳过了"电网"。

还有其他跳法吗

接下来的几个回合中，孩子们无一例外使用了双脚并拢跳的方法。我提醒道："还可以试试其他的跳法吗？"同时眼睛看向阿诺，平时阿诺的花式跳法是最多的，动作也是最灵敏的。阿诺对我说："我等一下要跳得快一些了，不然我们队就要输了。"轮到阿诺出发了，他一下子蹦到了竹梯前，然后深吸一口气，纵身一跳，在我们的惊呼声中越过了竹梯，再连跳 2 下就到达了对面。

教师的分析与调整

看到，想到，做到

在这个案例中，我发现孩子们并没有像我事先预设的那样，在过竹竿小路时用到单脚跳、侧身跳、跨跳、双脚并拢跳等他们在区域运动活动中自己探索和发现的跳跃方式。

我不禁疑惑：为什么大班孩子明明已经具备了花式跳跃的能力，但跳过网状排列竹竿路的方式却还是那么单一呢？

对这个问题我想了又想，有了一些发现和思考。就像运动场上的跨栏项目一样，栏和栏之间有着规定的间距。运动员在跨栏的时候要讲究节奏，才能够快速通过。在区域运动活动中，当孩子们自发玩"跳竹竿"时，用的竹竿数量比较少，竹竿的摆放位置也相对较为规整，基本上都是一排排横着放，杆与杆之间保持着相对规律的间距，因而这个环境能够引发孩子们改变动作花式跳的探索与尝试。当把竹竿摆成不规整的网状小路后，竿与竿的间距有大有小，提高了花式跳的难度。除此之外，在区域运动活动中，孩子们对跳跃速度并没有要求，相互之间也不存在竞争。但是在集体活动中，为了减少孩子的等待时间，我采用了两队同时出一人过竹竿路的方式，无形中突出了两队的竞争感。为了获胜，大班孩子就会调整自己的动作，采用跳跃姿势中最稳，也是跳得最远的双脚并拢跳的方式来跳过网状的竹竿路。

在过程中，当我发现孩子的跳跃方式较为单一后，虽然进行了语言提示，想要引发孩子的其他动作，但孩子已经有了争"快"争"胜"的心理，所以仍旧使用了最快最稳的跳跃方式，使得我与孩子之间的互动变得无效与被动。

那可以如何进行调整，让孩子在"网状竹竿"场景中也出现更多的跳跃方式呢？

1. 调整竹竿位置，做到乱中有序

对"电网"的造型要做到看似随意，但心中有数。在孩子自行摆放的基础上，老师可以随后进行微调，实现乱中有序、出现相对规律的间隔距离。

2. 调整队伍位置，变竞争为共赢

将队伍的起始位置从两组并排改为两组面对面，这样即使两组孩子同时出发，也消减了对抗竞争的意识，这样孩子才能更放松地沉浸在游戏中，从关注求速度转为变花样。

3. 调整提示时机，使互动更有效

将提示时机放在游戏开始前，重点强调游戏的规则是使用多种方式过"电网"。游戏过程中，对于遵守游戏规则的孩子给予及时的赞扬。除了口头提示外，还可以结合演示、手把手指导等方式来让孩子看到、用到更多的跳跃方式。

园长的话

追随孩子的变化， 支持教师的调整

　　预设与现实不一致的情况，在教育实践中是普遍存在的，正如本案例呈现的一样。这样的案例一方面能够强化教师对于"孩子是拥有自主意识的、是活动的主导者"的观念，另一方面，也迫使教师在活动之前要有更多的思考与准备，尤其是对运动材料、运动方式的思考。当然，即使对运动材料、运动项目以及孩子的运动状态再熟悉、再有经验，实践中也永远会出现更多的"意料之外"，因为孩子是鲜活的。那么，降低教师因出现"意料之外"而产生的焦虑，给予教师更宽松的教研氛围，肯定教师后续对活动的调整与完善，就显得尤为重要了。

　　我们园在日常的专题研究中积累了非常多的经典活动设计，让教师（尤其新教师）能够从中借鉴学习，进而熟悉运动材料、运动项目、运动技能。但这些活动设计并不是一成不变的。随着时间、空间的变化，随着不同孩子的表现，经典活动中也会出现"意料之外"，教师们只要跟随自己眼前的孩子，去调整、去完善即可，这使得经典活动也变得更有"生命力"。

案例

支持兴趣——变不可能为可能

采样来源 /

中班

供稿者 /

耿君蕾

背景介绍

老师在自由活动时，投放了很多海绵棒，鼓励孩子们自己开发海绵棒的玩法。

观察日期

4 月

观察场地

空旷的运动场地

活动类型

区域活动

观察目的

孩子突发奇想的游戏行为是否安全？是否切实可行？

// 投放足量的海绵棒

// 场地上还有轮胎、过河石等器械，供孩子自由取用

案例过程

1. 孩子首次用海绵棒玩"对战"游戏

2. 孩子邀请多人进行海绵棒"对战"游戏

3. 孩子把海绵棒当做拔河用的粗绳，相互拉扯对战

　　山坡上，馒头挥舞着海绵棒，用力甩向天朗，天朗也抽出一根海绵棒，转身应战。他俩都挥舞着手臂，将海绵棒当做鞭子相互"抽打"。这个新玩法立刻引起了其他伙伴的关注，大家纷纷模仿起来，场面也从"单打独斗"变成到"群斗"……

　　"馒头你打到我了！"阳阳涨红着脸向我跑来。馒头连忙道歉："对不起，阳阳，我不是故意的。"阳阳嘟着嘴巴说："你们这个玩法也太危险了！"我笑着问："那你们有什么既让自己玩得开心，又不伤害到小伙伴的方法吗？"大家纷纷议论起来，孙孙说："我们去击剑的地方玩，用长皮筋绑在腰上对战，这样就不会打到小伙伴了。"天朗说："可是那里只能两个人玩，怎么办？"我在一旁支招说："除了长皮筋，我们还有轮胎、过河石等很多器械呢！"孙孙听了大声说："有了有了，我们可以站在过河石上玩对战游戏，这样就不会影响到别的小伙伴了！"他的提议得到了大家的一致赞同，新的对战游戏就这样诞生了。

4. 孩子们站在不同类型的过河石上"对战"，
对平衡能力提出了新挑战

5. 有的孩子……

孩子们商量出的规则如下：

● 一人一根海绵棒，两人必须同时站在过河石上。

● 两人互戳，谁先从过河石上掉下来，谁就失败了。

一周后，馒头和浩浩站在最高的过河石上，用海绵棒对战，8 分钟过去了，两人没能分出胜负。这时，天朗拿着平衡板加入了进来，他站在平衡板上，手拿着海绵棒，三人玩起了三人对战。又过了 10 分钟，还是没有分出胜负。天朗提议道："我有个新玩法，我们可以拉住对手的海绵棒，看谁先把对方拉下来，谁就获胜。""好的！"其他两人也同意。

三人开始尝试起来。只见天朗弓起身体，用力一拉，馒头一下子被他从过河石上拉了

下来。落地后，馒头依旧拉住天朗，不肯认输，天朗则顺势一放手，使馒头往后退了好几步。他俩挥舞着海绵棒开始追逐打闹。我把他们叫到身边说："不同的游戏有不同的规则，只要规则制定好了，就不会出现刚才那些情况了。"

于是，新的游戏规则又在孩子们你一言、我一语中诞生了：

● 对战过程中双方不能忽然松手。

● 谁先从过河石上掉下来，谁就失败了。

大家达成共识之后，新一轮的游戏又开始了……

教师的分析与调整

支持兴趣，让"对战"成为一种可能

"海绵棒"的玩法多样，孩子们最爱的一种玩法就是拿它相互挥打对战。我很理解孩子们的这种行为，因为它太像一杆长枪了，但是同时我又很担心，虽然海绵棒软软的，但孩子仍然有可能在对战中受伤。

怎么做才能既避免隐患，又顺应孩子的需求，让他们玩得开心呢？我一直思考着这个问题。

1. 聚焦关键问题，满足孩子的"对战"需求

有教育学家研究认为"幼儿年龄阶段的互触、互搏对于他们感统神经的发展非常有利。"因此，当孩子选择拿着"海绵棒"对战时，我并没有马上阻止和遏制孩子的这种自发行为，而是用提问引发孩子思考"有什么办法可以用海绵棒对战但又不伤害到小伙伴？"通过话题讨论，引起大家对游戏中安全问题的关注。

2. 共同制定规则，保障"对战"游戏的安全

中班孩子的自控能力还比较弱，容易陷入兴奋的情绪中，而无法考虑行为的后果。面对这样的情况，我认为老师应该第一时间去帮助孩子制定活动规则，避免隐患。但是规则如果直接由老师制定，往往没有多少孩子能够遵守，他们容易遗忘规则的存在。如果让孩子自己参与制定规则，不但有利于他们对规则的认识和理解，也提高了他们独立自主的能力，增强了他们的自我保护意识，更有助于孩子们共同遵守和执行。

3. 材料玩法升级，提升"对战"游戏的趣味

"对战"游戏玩了一周左右，我发现孩子们对它的兴趣在逐渐消失。基于观察，我认为原因主要有以下几点：

（1）玩法简单，无创意：一周中，一部分孩子的平衡感日益增进，能稳稳地站在辅助器械

上挥舞海绵棒，这使得他们不再满足于用海绵棒互搏的简单玩法。于是，我添加了一些辅助器械，以此来提高游戏的难度，激发孩子们想要继续挑战的欲望。

（2）材料限制，不刺激：在对战互搏游戏中，孩子逐渐发现海绵棒有弹性，两根海绵棒相互接触后只能"互搓"，很难把对方从过河石上"赶"下去，没有成就感。我便依据孩子们新的兴趣点，将平衡"对战"游戏变成了力量"对战"游戏，让他们玩起来更带劲。

园长的话

和"兴趣"成为最好的搭班

本案例中的教师通过"观察 – 支持 – 观察 – 调整"循环交替的方式，让孩子的兴趣得到最大化保留。通过改变游戏玩法提升了游戏的挑战度，同时又提高了孩子们继续参与游戏的兴趣。让他们自发产生的游戏变得好玩又充满挑战，为后续的创造提供了空间和时机。

总结教师的支持策略如下：
- 抛出问题，引发思考
- 制定规则，达成共识
- 适时介入，推崇自主

我园的"强体育心"课程一贯强调从孩子的兴趣出发来萌发学习动机。在传承经典活动的过程中，我们提醒教师要时刻关注眼前孩子的兴趣，思考"以前的孩子和现在的孩子兴趣一样吗""根据孩子当下的兴趣，活动的环节需要调整吗"等问题，在实现一定运动能力目标的基础上，尽可能关注孩子的兴趣，沿着孩子当下的兴趣来调整和完善，以达到两全其美的效果。

案例

支持陪伴——轮胎路探险

采样来源 /

中班

供稿者 /

陈利韵

背景介绍

——

孩子们已经具有了探索轮胎玩法的前期经验，其中有少部分男孩对于提高了难度的新玩法显得比较胆怯，会更倾向于选择玩旧游戏，甚至还出现了对这项游戏兴趣减弱的现象，缺乏继续探索的欲望。

观察日期

10 月—12 月

观察场地

操场

活动类型

体育游戏

观察目的

对能力不同、个性不同的孩子，应该如何进行有效的陪伴和支持？

// 一名老师作为此区域的负责人始终在场，关注孩子的需求，及时提供帮助

// 提供其他辅助器械，孩子可以自由取用，丰富轮胎路的结构

// 足量提供轮胎，孩子可以将轮胎排列成小路

案例过程

1. 孩子们自行选择材料组合成小路，用不同动作在小路上前行

2. 孩子们在轮胎路上跳跃前进

自由搭建轮胎路

本学期第一次玩轮胎时，我发现了一个有趣现象：女孩们从材料仓库搬来了高低不同的塑料板，放在两个轮胎间，搭建了一条"冰雪女王城堡路"。她们搭得很尽兴，玩得也很开心。

4.连续跳过不同高度的障碍物（轮胎、过河石），
这对孩子来说是一种挑战

3.孩子们模仿同伴的动作，
从侧面跳过轮胎

成功后，他们愿意尝试了

由于轮胎和过河石的高低、触感不同，平时就比较纠结的辰辰此时不知道应该先迈出哪条腿。年纪最小的霖霖走到轮胎和过河石连接处便停住了，踟蹰不前。个子最矮的鸣鸣在轮胎路上走得很慢，听见后面女孩们的催促声，干脆跑去别的地方玩了。

我伸出手给辰辰和霖霖，让他们扶着我的手尝试往前走。有了支撑，他们也安心了一些，敢往前走了。然后我找回了鸣鸣，扶他上了轮胎路，鼓励他试着走完一整条路。在有了一次成功体验后，三个孩子都更愿意自己尝试了。

小个子鸣鸣的尝试

走了一段时间的轮胎路后，有孩子想出了"从轮胎中间连续跳过"这一难度较大的玩法。之前一直被我鼓励的辰辰和霖霖此时已经自信满满，动作的速度也渐渐赶上了大家。鸣鸣则还是会从轮胎路上掉下来，排在他后面的孩子不停催促他："快点，你怎么这么慢！"他生气地说："我不要玩了，一点也不好玩！"又一次离开了轮胎区域。

不一会儿，男孩们模仿着恐龙走路的姿势越过轮胎，欢笑声吸引了不远处的鸣鸣。我走过去请鸣鸣一起来玩，可他挣脱了我的手，说："不行，我跳不过去，我不要跳！""陈老师拉着你跳，试试看！"我给他鼓劲。最后，鸣鸣半推半就地来到轮胎路。他个子小小的，跳起来比大家吃力许多，我不断给他加油，旁边的孩子看了也自发地给鸣鸣鼓劲："鸣鸣加油！""你一定能跳过去！"

跳着跳着，鸣鸣的表情放松了，他笑了，我渐渐松开一只手，牵着他跳了几圈。几圈过后，他气喘吁吁地对我说："陈老师我累了！"看着满头大汗的他，我笑着说："嗯，你已经成功了好多次，休息一会儿吧，快去那边擦擦汗。"

学期过半，轮胎路始终是孩子们自由活动时的兴趣所在，他们在上面也能越走越好了。能力较强的孩子还想到了运物走、跳走结合等花样玩法。只要有一个人玩出了新方法，其他孩子会自然地模仿与学习。

这个期间，鸣鸣也进步了不少，时不时也会来到轮胎小路，跟在大家后面走几圈。今天，高个子的颢颢想出了一下子跨越两个轮胎的玩法，夸张有趣的动作让大家又争相模仿起来。鸣鸣也想做，但是由于个子比较矮，他跨不过这么远的距离。

"没关系，你不用和他们一样，你想怎么走就怎么走。"我对鸣鸣这么说。听了这句话，他似乎安心下来，也放慢了脚步。只见他踩在轮胎的两侧，像螃蟹一样横着在轮胎路上移动，手还做出螃蟹两个钳子的样子。这个动作对于个子较小、重心较低的他来说很有优势，他的移动速度也越来越快。其他个子较高的孩子也来尝试这种玩法，但由于重心没他稳，反而落在了他后面。

游戏后的分享交流环节，我请上小鸣向大家展示他创新的玩法，他很开心，还告诉大家玩的诀窍——腿弯一点，整个脚踩住轮胎往前走。

教师的分析与调整

陪伴鼓励，帮助孩子建立信心

轮胎路玩了一个学期，让我印象比较深刻的是男孩们的表现，并不是所有男孩在所有运动项目上都可以冲在前面，带领出整个班级的运动氛围。每个孩子的个性、喜好以及身体素质都是不同的，简单地区分出男女差异并不科学，也不客观。我们不能以表面上的性别、身高来简单粗暴地判断孩子的能力，给孩子"贴标签""下定义"。

从轮胎路项目上，我对我们班的男孩子又有了新的认识和发现：

1. 从不敢到敢，初尝成功的滋味

男孩也会害怕，面对新的环境和器械时，他们也会显得不知所措。但如果有老师一直陪伴在侧，适当降低挑战难度，让他们感受一次成功，他们就能建立起自信，试着自己去尝试。

2. 从挑战到坚持，看到自己的潜力

挑战和坚持要让孩子依据自身情况量力而行，老师需要做的是身体上陪伴孩子、心理上相信孩子的潜力，给孩子足够的安全感和信任感，这样男孩才更愿意挑战与坚持，无形中也锻炼了意志力。

3. 从模仿到创新，享受运动带来的乐趣

运动对于这个年龄的孩子来说，应该是个享受和收获的过程。男孩们先模仿学习，然后在初尝成功滋味后，会更敢于挑战，并经多次尝试

后孕育出创新的成果。

最后，我想说，引导孩子勇于探索、敢于挑战固然重要，但老师的陪伴与信任是一切的基础。在鼓励的同时，及时向孩子伸出充满关爱的双手，多多肯定他们，给予他们足够的安全感，才能增强孩子的自信和勇气，使其迈出探索的第一步。

"

园长的话

勇敢不分男女，陪伴一视同仁

"强体育心"课程理念中的"育心"指的便是帮助孩子识别和控制情绪、有效解决各种问题、积极地与他人建立关系。从本案例中，可以看出这个班的男孩和女孩存在较为明显的差异，个别能力较弱的男孩在遇到挫折后，容易出现负面情绪，更需要教师的陪伴与支持，只有让孩子获得稳定的心理状态，建立起自信后，他们才能勇于面对更多挑战。

总结教师的支持策略如下：
- 静观其变，遇不自信及时相助
- 鼓励坚持，实际情况量力而行
- 维护初心，陪伴探究运动乐趣

刻板印象无时无刻不在影响着人对事物的判断，身为教育者也难免受其影响。尤其是在运动活动中，教师的头脑中也不免出现"男孩比女孩行""男孩花样多""男孩更勇敢"等看似有道理、实则并不客观的印象。要破除这种观念，唯有用实例来说话，让教师多看、多想，看到女孩的果断，也看到男孩对陪伴的需求。

"

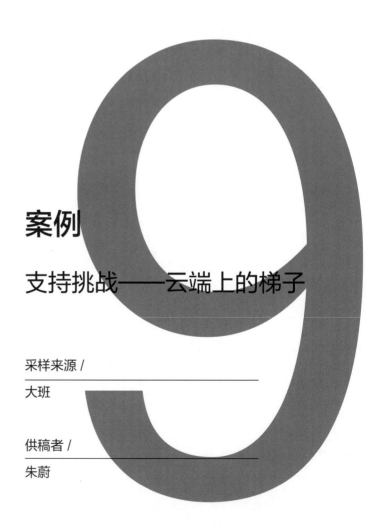

案例

支持挑战——云端上的梯子

采样来源 /

大班

供稿者 /

朱蔚

背景介绍

孩子们已经能较为熟练地在自己搭建的"勇敢者道路"上钻爬、行走、跨越，老师希望他们能搭建出更多具有创意和挑战性的运动环境。

投放梯子，孩子可以拿来单独玩，也可以和其他器械组合在一起成为攀爬支架或者路面

观察日期

4 月

观察场地

空旷的运动场地

活动类型

区域运动

观察目的

面对百玩不厌的勇敢者道路，孩子们的运动行为是否会产生新变化？出现新挑战？

案例过程

2. 有的孩子只能爬着
过栈道

1，把梯子架在两个人字梯
之间当栈道，孩子在上面
直立行走

3. 把梯子架在运动
器械上，成为登顶
器械的一条通道

提出要求

用梯子
当栈道

户外运动中，孩子们会把梯子架在轮胎、木框、过河石上，与这些辅助器械组合成"勇敢者道路"，在上面走、爬、跨越。可是，除了变换不同的组合方式，好像就没有其他更多的新意了。我走到孩子身边说："今天我们来比一比、赛一赛，看谁能用梯子搭建出更有难度的路来。"听罢，孩子们立刻行动起来。

宸宸提议说："旁边有两个高凳子（人字梯），我们可以把梯子架在上面，像玻璃栈道那样。"说着，孩子们就动手把梯子架了上去。起先，孩子们架在了人字梯最低一层的横杠上，走在这样的桥面上，一点儿难度都没有。悦悦说："把梯子往上移一点吧！""好呀！"其他孩子附和。梯子桥面的高度升高了，我在桥面下放了些垫子来保证孩子们的安全。男孩子们都大胆地从桥面

4. 把梯子架在更高的位置，梯子的坡
度更加陡峭，有的孩子倒爬着上去

5. 孩子们成功地用梯子
登上运动器械的最高处

上走过去，而女孩子则几乎是爬过去的。

　　"栈道一定是平平的吗？"我问孩子们。"也
会有斜度的哦。"淳淳说。于是，孩子们又将
梯子的两头架在人字梯不同高度的横杠上，形
成了一个有着斜坡度的栈道。

在"云梯"上爬高

　　在上面走了几个来回以后，添添突然提
议："我们可以把梯子和操场上的大型运动

器械搭在一起玩。"其余孩子望向大型运动
器械，我对他们说："好主意，去试试吧。"
他们搬着梯子走向运动器械，在各个部位试
了几次，终于给梯子找到了一个最合适的位
置。他们把梯子的两头牢牢地斜靠在运动器
械的"窗口"上，形成一个 45 度的斜角，下
端紧紧地扎在塑胶场地上，我在旁边看着，
用手推了推梯子，挺稳固。男孩子们纷纷尝试，
新的挑战点又出现了。

　　悠悠无法掌控好身体重心，手脚协调性
也比较弱，她试着爬上梯子，但无法再爬高，
只能从梯子上退下来，站在一边看着别的孩
子玩，当她看到同伴成功登顶时会流露出渴
望的眼神。

　　在我和其他伙伴们的鼓励下，悠悠又再
一次尝试，她想要我拉着她的手，我答应了。
起初，她双腿颤抖地走上了梯子，慢慢地
一格一格往上爬，由于有了我的贴身保护，
这次她信心满满，第一次成功登顶，从梯
子上翻身进到了大型器械里。悠悠欣喜若
狂，和我拥抱在一起。接着，我鼓励她再
去尝试一次，这一次我只站在一边，用眼
神注视着、鼓励着她，我用目光告诉她"老
师在保护你"，偶尔会把手递给她扶一下。
经过一次又一次尝试，悠悠能自己独立地
爬上高高的楼梯了。

教师的分析与调整

支持设想、尝试组合，变"栈道"为"云梯"

大班幼儿动作灵活、运动能力较强，他们喜欢有挑战的运动，喜欢不断地从克服困难、寻求刺激中体验到运动的快乐和获得成功的喜悦。《做有准备的教师——为幼儿学习选择最佳策略》一书中也提到"挑战会使学习更有意义，教师往往可以要求儿童用不同的方法来完成同一项任务"。正如这个梯子游戏，初期孩子只是用梯子搭出各种低低的路面，挑战性不高。在我的语言激励下，他们开始尝试使用更多梯子与人字梯进行组合，搭出平面或斜面的"栈道"，再到与大型运动器具进行组合。

运动器械本身能带来一定的挑战性，器械间的变化组合也同样能带来挑战性。将两件孩子熟悉的器械进行新组合，就能为孩子带来新的挑战。

1. 任务发布，引发孩子创设挑战环境的欲望

我提出"用梯子搭建出更有难度的路"这个任务后，孩子尝试将梯子与人字梯进行组合，然后又尝试把梯子架在大型运动器械上，形成一个约 45 度斜坡的"云梯"，这个梯子两边没有可供支撑的扶手，又有一定长度，给孩子的攀登带来了难度，具有一定的挑战性。我在此时与孩子一起制定了挑战规则，要求他们必须一个一个攀登，我也站在梯子一旁，保护着每一个登上梯子的孩子。

2. 鼓励陪伴，看见孩子愿意接受挑战的勇气

需要给予胆小、运动能力较弱的孩子更多的耐心与等待，可以用扶一扶、点点头、张开手臂等动作，向他们提供支持，让他们获得安全感，从而克服心理上的畏惧，最终获得成功的喜悦。

"

园长的话

没有不好玩的器械，让挑战变得"可能"

适时适度的挑战、冒险与幼儿学习品质的培养、主动性的提高息息相关。"挑战"不仅是获得新的技能、完成任务，更要关注孩子心理层面的应对，这与他们主动性学习品质的发展有着极为密切的关系。

"向困难发起挑战"是我们从小班就注重在孩子身上培养的一种品质，从挑战没有尝试过的新环境开始，到小范围的区域活动，再到大范围的混龄活动；从一个人玩到和同伴玩，再到和哥哥姐姐、弟弟妹妹一起玩，向着更高、更难的目标发起挑战。这种变化与难度提高是逐步发生的，也是教师在具备了足够的知识和能力后，在对安全有足够把握的前提下，经过判断而开展的。

总结教师的支持策略如下：

- 因地制宜，器械组合
- 鼓励尝试，善于捕捉
- 针对差异，有效指导

"

案例

支持环境——贝贝真的很棒

采样来源／

大班

供稿者／

白英

背景介绍

区域运动时，老师在场地上投放了很多海绵棒，孩子们可以自由摆放造型。

观察日期

10 月

观察场地

空旷的运动场地

活动类型

区域运动

观察目的

孩子会将海绵棒与其他材料组合使用吗？他们会怎么玩？

❙❙ 提供辅助器械，如泡沫砖块、筐、水桶、过河石等，孩子可以自由搭建出不同的小路

❙❙ 投放长短不同的海绵棒和连接器，孩子可以自由组合

案例过程

1. 老师牵着贝贝的手,带着她跨过了栏杆

2. 贝贝把跨栏的高度调低,顺利地一跃而过

搭建运动环境

"今天场地上提供了很多不同的辅助器械,看谁能将它们与海绵棒组合,想出更多不同的玩法来。"我的话音刚落,孩子们便忙碌起来,有的孩子将海绵棒插在连接器(底座)上搭出一个个拱门,我悄悄地移动若干拱门的位置和方向,一个丰富而有序的运动场景出现在孩子们的眼前。

4. 贝贝连续助跑跨跳过三个
不同高低的跨栏

3. 贝贝助跑跨跳过紧靠在
一起的两根跨栏

跨栏
调低了

　　许多孩子玩起了跨栏（拱门）的游戏，贝贝站在一旁看着大家玩。2 分钟后，她也排到队伍后面，眼睛一直盯着前面正在跨栏的小朋友。快轮到她时，她悄悄地向后挪了几个位置，再轮到她时，她索性又躲到队伍最后去了。

　　"贝贝，白老师先跨一个吧。" 我一边示范一边向她解说："快速跑，跑到栅栏前，一只脚用力蹬地，整个身子像弹簧一样弹起的同时，一只脚高高抬起越过跨栏，后面那只脚再紧紧地跟上，注意抬腿的高度哦！"演示完，我把她带到小路的起点，感觉到她整个人都在微微颤抖。"贝贝，你怎么了？"我问她。"这个跨栏有点高，我跨不过去的。"她对我说。"你们可以自己调整跨栏的高度哦！"听我这么说，贝贝来到跨栏前，把底座往两边拉开，跨栏的高度变低了。看到这样的跨栏，贝贝一个飞跃就跨了过去。"厉害哦，贝贝！再来一次吧！"我鼓励道。又一次，贝贝成功地跨越过去，原本有些紧张的神情也慢慢舒缓下来。

开发
新的玩法

越过
高跨栏

"贝贝，把跨栏再调高点试试，你一定能行的！"我在一旁鼓励。贝贝把跨栏的两端往里靠了靠，跨栏变高了一点。她从起点开始起跑，可跑到跨栏前又突然停了下来。"来，白老师牵着你的手跳一次。"我向她伸出手。牵着我的手，贝贝"嚓"地一下跨过了跨栏，她的脸上露出笑容。"你看，我说你一定行的吧！你自己再试一次，跟着我的节奏来，一定没问题的！"我一边拍着手打节奏，一边对着她喊："跑跑跑跑，跳！"贝贝跟着我的节奏顺利地跨过了跨栏，高兴地笑了。

"你太棒了！现在一个跨栏已经难不倒你了，你还有什么新的玩法吗？"贝贝又拿来了2个低低的跨栏，把它们间隔一定距离摆在地上，然后用力摆动双臂，通过助跑顺利地跨跳过2个高度较低的跨栏，跨越第3个略高一点的跨栏时，她虽然略有迟疑，但还是勇敢地跨了过去。"哇！贝贝你太棒了！"我向她竖起了大拇指。

"还能再变吗？"我继续追问。她把两个低低的跨栏靠在了一起，然后说："白老师，我还能一下子跳过2个呢！"说完就一气呵成地跨越了过去。"我们贝贝越来越勇敢了！真是太棒了！"我和她击掌庆祝。

教师的分析与调整

创设良好的心理环境，让孩子从"不敢"到"敢"

美国心理学家、人本主义心理学的主要代表人物之一卡尔·罗杰斯提出了"无条件积极关注"这一概念，它是一种没有价值条件的积极关注体验，也就是说，在孩子的自身行为不理想的情况下，他仍旧能感受到成人的尊重、理解和关怀，这可以自然地化解掉他们畏难的防御心理，使他们感觉到自己的价值，无拘无束地发展潜能。

贝贝的个子虽然比较高，但下肢力量及身体的协调性都偏弱。体质测试结果显示在位移速度、跑、前跨跳等方面她都需要一定的加强，她的运动能力明显低于同年龄段的平均水平。所以，这次跨栏对她来说无论是心理上还是生理上都是一个很大的挑战。

在开放的区域运动中，如何既使贝贝愿意参与运动，锻炼她的运动能力，又使她克服紧张心理，热爱运动呢？我采用的策略是：

1. 体会式理解，营造宽松、友善的心理氛围

接受和理解贝贝的逃避行为。对于贝贝的两次逃避，我看到了但并没有指责，也没有用简单的"安抚"（如"不用怕，你行的！"等话语）来应对，我并不想让她成为其他人的目光焦点。我采用了"等一等"的方法，允许她观望，然后用同行人的语气语调表示对其行为的认可和理解。在整个过程中，我始终表现出对她行为的接受，不强求她一定要去尝试完成助跑跨跳的动作，这让她感到自己受到了重视。在这种宽松、友善的氛围里，贝贝的情绪越来越松弛。

2. 外在和内在强化结合，创设快乐、自信的心理环境

孩子展示行为所得到的结果（表扬、惩罚、成功、失败）决定了他是否会重复或回避此行为。表扬、肯定属于"外在强化"，自己体验成功或在活动中获得快乐则属于"内在强化"。本案例中，通过我的适当帮助，使贝贝获得了成功的体验，得到了"内在强化"，从而让她愿意再次尝试。

每当贝贝有勇气尝试并通过努力跨跳过去后，我都及时地给予一句赞扬、一个"大拇指"、一个微笑，帮助她建立自信，激发她对运动的参与兴趣。

3. 动态调整，建立安全、积极的心理环境

运动能力的培养应融入到有意识的环境创设中。老师不能用"一刀切"的标准来要求孩子，要善于根据每个孩子的运动能力及行为表现来动态地调整环境，使其在自己原有的基础上获得提高，哪怕只是一点点，对孩子来说都是成功。

当贝贝因害怕而不敢尝试时，我鼓励她去降低跨栏的高度再试一试；当贝贝成功跨过一个跨栏后，我鼓励她去尝试连续跨跳两个；当贝贝敢于尝试连续跨栏后，我又鼓励她去挑战更高的难度。我关注到了贝贝畏难情绪的原因，通过示范、鼓励、陪伴、让她自己创设适合自己的运动环境，并在原有的基础上不断提出新要求，逐步促使其从不敢到敢，再到敢于接受挑战，最终获得了成功的体验。

园长的话

强师心，用"心环境"解锁新技能

本案例中的孩子下肢力量与身体协调性发展较弱，平时走楼梯对她来说都是一个不小的挑战，跨栏更是一项几乎不可能完成的任务。面对这样的孩子，教师不抛弃、不放弃，为其提供可以自动调节高度的跨栏，让她通过自我判断，自主调整高度，在逐步体验成功的过程中树立起自信。

总结教师的支持策略如下：

- 接受理解，等一等
- 表扬鼓励，多体验
- 适时调整，增信心

对于心性胆小、有特殊困难的幼儿，我们提倡教师在日常活动中要密切关注以下两方面：①不要将这些幼儿与其他幼儿进行比较，给予他们足够的被信任感；②帮助他们根据自己的能力选择不同程度的运动任务，获得成功体验。我们相信每个孩子都有各自的自生长力，经由运动中的尝试与探索，他们一定会变得更加自信与坚强。

本"强体育心"的课程理念中，身与心不可分割，重要性也不分伯仲。体魄强健的发展是针对幼儿自身序列而言，心理品质的提升也是如此，只要孩子能做得比前一次更好，比上一次更强，对孩子而言就是成功，就值得教师给予肯定与赞赏。

11

案例

支持探索——慢慢动起来的"踩高乐"

采样来源 /

大班

供稿者 /

杨晓蕾

背景介绍

"踩高乐"是大班重点研究的器械之一，老师将其投放在日常的户外运动中，孩子可以自主探索其玩法。

观察日期

9 月—10 月

观察场地

空旷的运动场地

活动类型

区域运动

观察目的

面对全新的运动器械——"踩高乐"，孩子们会如何使用并驾驭它呢？

> "踩高乐"能锻炼孩子的腿部力量、身体协调性以及平衡能力

> 空旷、平整、较软的运动场地，孩子即使摔倒也不会受伤

> 提供数量充足的"踩高乐"，满足孩子人手一个

案例过程

1.孩子蹲下身体，降低重心，缓慢踩踏前行

2.失去平衡，孩子掉下器械摔倒在地

3.孩子站在上面不敢踩踏，停滞不前

4.因动作衔接不协调，孩子没踩几步就掉下器械摔倒在地

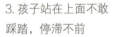

向往"踩高乐"

在以往的运动会上，小年龄的孩子们被大班哥哥姐姐炫酷的"踩高乐"表演折服，梦想着自己有一天也能像他们一样踩着"踩高乐"飞驰在操场上。但等他们到大班真正尝试过后发现，要想征服"踩高乐"并不是一件容易的事情……

6. 老师在孩子身后助推前行

5. 老师伸出一根手指让孩子牵着

一步一步踩稳

睿睿站上"踩高乐"，右脚用力一踩，"踩高乐"突然向前滚动了一圈，他没站稳，一个趔趄一屁股坐到了地上。他再次站上去，双眼直视前方，张开双手保持平衡，上臂牢牢地夹住自己的身体，然后微微抬起左脚，将身体慢慢地向右前方倾斜后猛地一沉，右脚一下子踩下去，他的身体大幅度晃了几下，还是稳稳地站住了，原本紧张的脸庞上露出一丝微笑。

"睿睿，试着降低身体的重心，一步一步地踩稳，不要着急，慢慢来。"我对他说。睿睿再一次站上"踩高乐"，弯曲膝盖，降低重心，右脚慢慢踏下，等站稳后再踏左脚，左脚慢慢踏下站稳后再踏右脚……就这样不紧不慢地摸索着保持身体的平衡，动作慢慢变得越来越连贯。

从一双手到一根手指

涵涵站在"踩高乐"上，右脚微微地在踏板上挪动，"踩高乐"没有任何动静。他走下来，用手交替按住踏板，"踩高乐"快速向前滚动起来。他又再次站上去，用脚轻轻地蹬了几下，可"踩高乐"依然没有动静。"我先带着你玩一次吧！"说完，我便站到他面前，握住他的双手，他右脚发力，"踩高乐"突然动了起来，带动他的身体猛地一晃，"哦哟"一声，他把我的手拽得更紧了。"不要怕，有我在呢！"我在一旁说。就这样，涵涵左一步、右一步把"踩高乐"踩动了起来，但他整个人几乎全靠在了我身上。"你不能把所有重心都放在我这儿，要靠自己寻找平衡感。"我对他说。然后，我从他身边后退几步，只伸出了一根手指让他牵着，站到了他的右侧。当他全神贯注于踩踏板时，我能感觉到手指上牵着的力量小小的，一旦他踩着前进了，身体有点踉跄，他会立刻牢牢地抓住我的手指，借助我的支撑来让身体保持平衡，不让自己掉下器械。就这样，在一松一紧一踉跄的牵手中，他慢慢地从能独立踩踏一二步到能连续踩踏二三米，逐渐找到了维持身体平衡的感觉和方法。此时，我站到他身后，用目光注视着他，防止他摔下，但让他完全依靠自己的力量来踩踏移动。

身后的陪伴与推力

一站上"踩高乐"就会瑟瑟发抖的悠悠，在几天的连续尝试后有了点小突破，愿意拉着我的手慢慢前行了，而且再也没有听她说过"害怕"二字，踩踏的动作较之前也连贯了许多。于是，我站到她身后，将之前的贴身陪伴变为身后保护。悠悠扭头看了看我，她的双脚又开始微微颤抖，"加油！不要怕！你可以的！我会保护好你的！"我在身后为她加油鼓劲。

她的右脚用力往下踩，我在后面用脚轻轻地推着"踩高乐"右边的轮子，轮子慢慢滚了起来，悠悠专注地踩着，轮子朝前缓缓地转了一圈，她在上面稳稳地站住了，回头朝我笑了笑，又开始再一次尝试。我依然在她身后，用脚轻轻地推滚着轮子，我们就这样试了好几个来回，慢慢地她能依靠自己的力量连续踩踏前进了，我也收回了悄悄伸出施力的脚。

教师的分析与调整

解读孩子，支持他们对新器械的探索行为

有专家认为"安全与挑战在本质上并不矛盾。任何过度保护的措施，都只能削弱孩子应对挑战和风险的能力，只有参与到具有挑战性的游戏中去，才能真正促进他们心智和体能的提高。越具挑战的环境，就越是安全和富有价值的。"我也认同这点。"踩高乐"就是这样一种具有挑战性的运动器械，也是我们在大班开展专题研究的器械之一。

对于初次尝试"踩高乐"的孩子来说，要在连贯踩踏行进的过程中保持身体平衡以避免自己掉下器械，这并不是一件容易的事，对孩子的平衡能力及协调能力都提出了极高的要求。

我发现孩子们在尝试的过程中会出现以下几种情况：

- 因为害怕身体失去平衡而不敢踩踏；
- 由于动作衔接不协调、重心不稳而掉下器械；
- 踩下去的瞬间会产生惯性，因速度过快来不及反应，身体会失去平衡摔倒在地。

因此，在刚开始练习的时候，孩子们需要付出极大的毅力、坚持以及敢于接受挑战的勇气。老师也要给予孩子充分探索的时间，在观察、分析的基础上有针对性地提供支持，例如：

1. 针对胆量大、运动能力强的孩子

老师不干预，让他们在不断尝试中自己调整动作，逐渐找到维持身体平衡的方法和感觉。

2. 针对胆量小、身体较为协调的孩子

老师适当保护，在帮助他们建立信心后逐步放手，让他们慢慢熟悉器械，逐步依靠自己找到维持身体平衡的方法和感觉。

3. 针对胆量小、身体不协调的孩子

老师给予更长时间的保护、鼓励与陪伴，不做揠苗助长之事。通过提供助力来降低孩子独立探索新器械的难度，让他们获得成功的体验，并借此树立自信，维持住他们愿意继续探索和尝试的欲望。

园长的话

以精选的运动项目
达成"强心育体"的双重目标

要让"踩高乐"顺利地动起来，会经历一个较长的探索过程。本案例中的 3 个孩子初次尝试时都未能成功。教师通过观察他们的行为，分析他们失败的原因，寻找适合时机，提供不同的支持策略，让他们获得了成功的体验。

总结教师的支持策略如下：
- 及时调整，对"症"下药
- 适时介入，借力递减
- 耐心等待，适时出击

"踩高乐"是我园的一种特色器械，也是我园大班幼儿必玩的一种器械，玩起来有一定难度，必须坚持练习才能熟练掌握。经过专题研究，围绕着"踩高乐"，我们设计并积累了大量活动设计和实践案例，不仅能对孩子的腿部力量、身体协调性、平衡性起到强化和锻炼的目的，更能培养孩子克服困难、坚持等意志品质以及解决问题的能力，这也是对我园"强体育心"办园理念的一种极好诠释。

案例

支持合作——一起玩转"踩高乐"

采样来源 /

大班

供稿者 /

方伦裴

背景介绍

老师发现多数孩子能独自踩踏"踩高乐"前行，但较少出现合作行为，于是有意识在增加"踩高乐"种类的同时减少单一品种器械的投放数量，通过调整材料来引发孩子更多的合作行为。

观察日期

1 月

观察场地

大操场

活动类型

区域运动

观察目的

多个孩子合作踩"踩高乐"前行，会遇到哪些问题？他们会如何解决？

提供三种不同类型的"踩高乐"：
- 红色：有扶手的"单人踩高乐"
- 黄色：无扶手的"单人踩高乐"
- 绿色：有扶手的"双人踩高乐"

案例过程

1. 两个孩子站上同一辆"踩高乐"，合作踩踏前行

2. 两辆"踩高乐"前后摆放，两个孩子各自站上去，后者抱着前者的腰，两人同时起步前行

3. 两辆"踩高乐"前后摆放，两个孩子各自站上去，后者扶着前者的手臂，两人同时起步前行

双人"踩高乐"

我在场地上提供了三种不同类型的"踩高乐"器械。运动时间开始，孩子们纷纷选择自己喜欢的类型踩踏起来。

斐斐正往一辆绿色"踩高乐"（有扶手的中型款）走去，哈哈已经率先一步推走了最后一辆。"哎呀！我也要玩这个的呀！"斐斐看见了大叫。哈哈听见了，停下来说："斐斐，这个踩高乐很大，我们一起玩吧！"过了两三分钟，我看到他们已经合作踩着"踩高乐"在移动了。

两人合作

"哇！你们可以两个人一起玩踩高乐呀！"我故意大声喊起来。别的孩子看见了说："方方老师，我们也想一起玩。可是大的踩高乐只有2个。""小的踩高乐也可以一起玩的哦！"听我这样一说，孩子们分头尝试起来。

乐乐把自己的"踩高乐"放在笑笑身后，

4. 后一个孩子踩着"踩高乐"追上前一个孩子，两人扶持着一起前进

5. 三辆"踩高乐"并排摆放，三个孩子各自站上去，手拉手齐驱并进

一边搭住笑笑的肩膀，一边试着站上去，可还没等他站稳，笑笑已经踩着自己的"踩高乐"往前移动了，乐乐的身体突然往前倾，失去重心从器械上掉下来摔倒在地。两人决定再尝试一次，这次乐乐的手刚搭在笑笑肩膀上，还没站稳，笑笑又踩着"踩高乐"移动了，乐乐一个趔趄抱住了笑笑的腰，他俩同时掉下了器械。

"你太快了，我都没准备好！"乐乐大叫。"发生什么事了？"我走过去问。"他每次都拉我。"笑笑说。"你这么快，我都没站好。"乐乐回答。"笑笑，你要前进的时候有问过乐乐吗？"我问，笑笑摇摇头。"乐乐，你

还没准备好，和笑笑说过吗？"乐乐也摇摇头。"来，我们看看锐锐和元元，他们两个人是怎么稳稳地往前踩踏的？"他俩朝我手指的方向看去。只见锐锐和元元把两个"踩高乐"一前一后摆在地上，元元先站上"踩高乐"，然后双手平举保持平衡，向后问："锐锐，你上来了吗？"站在后面的锐锐扶着元元的肩膀，双脚站到"踩高乐"上，回答说："好了，可以走了。"两人慢慢地一起移动。

"哦！我知道了，我要和笑笑讲一声。"乐乐突然说道。我看着他俩微笑着点点头："不急，先稳住自己，再一起前进。"

乐乐和笑笑又一次站上"踩高乐"，"乐

乐,你准备好了吗?"位于前方的笑笑问。乐乐一把抓住笑笑的手臂说:"好了!笑笑,可以出发了!"两人双脚同时用力往下踩踏自己的"踩高乐",顺利出发。欣欣和辰辰也在合作踩踏,辰辰在前,站上器械后,他将双手微微抬起,双脚自然地踩踏起来,欣欣则在后快速踩踏追赶,当他的身体出现摇晃不稳时,立刻伸手抓住了前方辰辰的衣服,辰辰被拉住后双脚踩踏的速度渐渐慢下来,频率逐渐与欣欣保持一致。

三人共玩

程程过来找欣欣,问:"我可以和你们一起玩吗?""可以啊!我们试试三个人一起,怎么样?"欣欣兴奋地说。"好!好!"辰辰大叫。说完他们把三辆"踩高乐"并排放好,三人先各自站上去,然后手拉手,再一起向前踩踏移动。程程踩踏的速度比较快,冲在最前面,辰辰则不紧不慢,欣欣位于两人中间,刚起步的时候身体有些摇晃,她下意识地低头看着自己的脚,大约踩踏两步后身体平稳了,一直在旁边等着她的程程笑了,三人一起手拉手继续踩踏前行。"哇!你们三人能同时前进这么长的距离,有什么秘诀吗?"我问他们。"快的人要等等慢的人。"辰辰叫起来。欣欣说:"开始他们太急了,我在中间差点摔倒,还好拉住了他们的手。""哦!原来合作时大家要保持速度一致。那怎么才能速度一样呢?"我继续问。"要慢一点。"程程轻轻地说。"可以有一个人发指令,预备——开始。"欣欣补充道。"这是个好办法,你们可以去试一下!"我回应道。

教师的分析与调整

巧合作，勤思考，共提高

对于处在社会性发展关键期的孩子来说，5-6 岁是合作能力发展的重要时期，《幼儿园教育指导纲要》中几乎每个领域都涉及了这一点。然而合作能力并非与生俱来，是在具体的相互协作活动中习得和磨练出来的。大班孩子的运动能力发展较好，动作上也更加灵敏、稳定，有较强的身体控制能力。因此，鼓励孩子尝试多人合作来玩，既对孩子的运动能力提出了新的挑战，也有助于发展孩子的社会性合作能力。

本案例中，我们看到孩子呈现出了多种行为表现和运动能力水平：

1. 减少材料数量，自然引发合作需求

斐斐是个比较胆小且运动能力较弱的孩子，当别人选走了她想要的器械，她便手足无措了，这时同伴的一句邀请，给了她莫大的鼓舞，成就了她和同伴共玩的机会。材料的调整会对孩子的行为产生影响，一个小小的改变就能为他们带来更多的可能性。

2. 学习观摩，借鉴合作方法

这种合作方式对孩子而言是陌生的，缺乏相应的经验和技巧，因而导致彼此间配合默契度不高，常常出现失误，孩子也会相互埋怨。这时，我先引导他们观察其他组合的合作方法，学习他人的成功经验，再帮助他们找到自己动作上的问题，并在不断的实践中调整解决。

3.讨论交流，积累合作经验

交流分享不仅可以让孩子共享快乐，也可以帮助他们及时整理、提炼自身的原有经验。在三人合作共玩时，欣欣通过调整自己的踩踏速度，最终与大家成功地并驾齐驱。她不仅提高了动作协调能力，应变能力也增强了，能根据实际情况灵活调整自己的动作。经由老师的引导，可以让孩子的个别经验转化成集体经验，从而让更多孩子学到方法、达成任务。

园长的话

借鉴经典，捕捉教育智慧

小群体间的竞赛游戏、需要合作才能完成的运动项目，都能使参与其中的孩子自然地发现问题、自行解决冲突、形成合作意识、拥有运动智慧。在本案例中，孩子的个体能力存在差异，教师在观察后通过提问来帮助孩子分析原因，鼓励他们自己去思考，并在思考后尝试解决问题。

总结教师的支持策略如下：
- 器械暗示，激发兴趣
- 榜样激励，模仿体验
- 适时互动，语言引导

在我园积累的大量案例中，蕴含着诸多成熟教师的巧思，通过简单一招"减少器械数量"，就能达成引发孩子出现合作行为的目的。青年教师通过对经典案例的传承与学习，窥探到点滴智慧，不仅能让他们感叹教育的专业，也能降低他们在教育现场的焦虑。教师的专业成长本也不是其一个人的事，需要在群体中学习、借鉴、合作、发展，而这正是一个园所能提供给教师最好的成长资源。

案例

支持创意——嗨翻垫上滑梯

采样来源 /

中班

供稿者 /

杨晓蕾

背景介绍

孩子们玩"垫上滑梯"已经有一段时间了，老师发现孩子们的玩法比较单一，想要鼓励他们玩出创意。

观察日期

1 月

观察场地

室外楼梯

活动类型

区域运动

观察目的

孩子们玩"垫上滑梯"时的姿势是否有新变化？

在楼梯的一侧铺上海绵垫，海绵垫首尾连接并固定

案例过程

2. 有的孩子学"小矮人"
蹲下身子，走下滑梯

1. 有的孩子跪着
"走"下滑梯

3. 有的孩子一个俯冲，
滑下滑梯

[提出要求] [垫上 新玩法]

"坐在海绵垫上往下滑，你们已经玩得很溜了，今天我们来比一比谁的玩法多，谁的玩法和别人不一样！好吗？"我向孩子们提出今天的要求。"好！"他们信心满满地答应了。

"晓蕾老师，你看我，像不像一个小矮人呀！"丰丰蹲下身子学小矮人的样子，一步一颠地踩在海绵垫上走下滑梯。"我是跪着下来的，哈哈，这样玩滑梯好好玩哦！"虫虫一边笑着一边摇晃着身子踩在海绵垫上走下滑梯。"很棒！你们只把下滑梯的动作变了变，就和以前的玩法不一样了。还有吗？

4. 有的孩子头朝下，侧躺在
海绵垫上，一扭一扭往下挪

6. 有的孩子匍匐倒退
爬下滑梯

5. 有的孩子反身倒退着
爬下滑梯

除了动作变，还能怎么变？"我继续追问。

"我可以头朝下下去吗？"嘉嘉瞪大了眼睛望着我。"呃……，可以，但是一定要注意安全，眼睛一定要看好，到最下面的时候一定要注意刹车！"我对他叮嘱道。话音刚落，嘉嘉一下子扑倒在海绵垫上，头朝下，用匍匐前进的姿势爬下滑梯，其他孩子都给嘉嘉送上了掌声。

嘉嘉的这个创新玩法给了其他人灵感，孩子们纷纷表示自己也想到了不同的玩法，我便顺水推舟地说："好，挑战升级！我们来玩一个'挑战不重样'的游戏，你们滑下滑梯的方法必须和别人都不一样，你们愿意接受挑战吗？""愿意！"孩子们异口同声地回答。

有的孩子平躺在海绵垫上，仰面朝上，小脚一蹬一蹬地滑下来；有的孩子侧躺在海绵垫上，像小蛇一样一扭一扭地滑下；有的孩子趴着，四肢着地，爬下来；有的孩子模仿青蛙的样子，跳下来；还有的孩子索性头朝下趴在海绵垫上，借着冲力一下子俯冲下去……

教师的分析与调整

鼓舞孩子，支持他敢于创新的勇气

刚开始玩"垫上滑梯"时，孩子们居高临下，要从高处滑下楼梯，这个动作技能其实并不难，主要是对他们的心理产生挑战。当他们在海绵垫上越玩越熟练之后，最初的恐惧和担心也就消失了，而这个游戏也将变得平淡无奇。这时，我对他们又提出了新的要求，让他们用不同的方式滑下楼梯，姿势的改变不仅会带来视野的改变，令原来安全的路线再次变得陌生，给孩子带来新的心理压力，也对孩子们的具体动作提出了新的要求。当他们用新的姿势在海绵垫上移动遇到困难时，是突破还是退缩？是坚持还是放弃？这对他们的运动品质又是一次挑战。老师及时的鼓励、肯定与协助调整，给了孩子不断接受挑战的勇气。

在本案例中，我对孩子的支持分为以下几步：

● 用语言激励孩子敢于创新，想出新玩法；

● 当孩子想出的玩法比较单一时，用归纳暗示的方法帮助他们开拓思路；

● 在确保安全的情况下，积极肯定孩子的奇思妙想，鼓励他们大胆尝试，敢于突破。

园长的话

延续经典，生发创意

　　我园有东北两部，东部场地较小，室外楼梯便是我们在实施课程时挖掘出的一个有利地形资源。在教师的眼中，任何场地、材料都可使用、都可以产生变化，只要赋予它们"生命"，便能带来无限可能。

　　"垫上滑梯"作为我们园的一项经典室外运动游戏，经过一代代孩子的创意与实践，已经积累了许多玩法。但每一次面对新孩子，教师都会暂时"忘掉"以往的案例，激励眼前的孩子自己想出更多玩法，这些玩法很可能已经有"前辈"玩过，但是由现在这些孩子自己想出来、实践出来会给他们带来更多的成就感。而教师经过对经典案例的预先学习与分析，一方面会更坚信孩子们可以玩出更多花样，另一方面也对某些可能出现安全隐患的动作有所了解和准备。

　　总结教师的支持策略如下：
- 适时调整，引发兴趣
- 乘胜追击，步步深入
- 充分肯定，鼓励创新
- 挑战升级，激发勇气

图书在版编目（CIP）数据

从自由、自主到自律:图解幼儿园运动中的观察与分析/潘丽华主编. —上海:华东师范大学出版社,2022

ISBN 978-7-5760-2485-2

Ⅰ．①从… Ⅱ．①潘… Ⅲ．①体育课－教学研究－学前教育 Ⅳ．①G613.7

中国版本图书馆CIP数据核字(2022)第031703号

从自由、自主到自律：图解幼儿园运动中的观察与分析

主　　编　　潘丽华
责任编辑　　沈　岚
责任校对　　牛之越　时东明
装帧设计　　宋学宏　卢晓红

出版发行　　华东师范大学出版社
社　　址　　上海市中山北路3663号　　　邮编　200062
网　　址　　www.ecnupress.com.cn
总　　机　　021-60821666　　　　　行政传真　021-62572105
客服电话　　021-62865537
门市(邮购)电话　021-62869887
地　　址　　上海市中山北路3663号华东师范大学校内先锋路口
网　　店　　http://hdsdcbs.tmall.com

印　刷　者　　上海邦达彩色包装印务有限公司
开　　本　　787毫米×1092毫米 1/16
印　　张　　14.75
字　　数　　270千字
版　　次　　2023年4月第1版
印　　次　　2024年2月第2次
书　　号　　ISBN 978-7-5760-2485-2
定　　价　　68.00元

出 版 人　　王　焰

(如发现本版图书有印订质量问题，请寄回本社客服中心调换或电话021-62865537联系)